DAVID HUME

Dialoge
über natürliche Religion

ÜBERSETZT UND HERAUSGEGEBEN VON
NORBERT HOERSTER

PHILIPP RECLAM JUN. STUTTGART

Englischer Originaltitel:
Dialogues concerning Natural Religion

Der Übersetzung liegt die Ausgabe von J. V. Price, Oxford 1976,
zugrunde. Zusätze des Herausgebers sind durch eckige Klammern gekennzeichnet.

Universal-Bibliothek Nr. 7692 [2]
Gesamtherstellung: Reclam, Ditzingen. Printed in Germany 1981
ISBN 3-15-007692-7

Pamphilus an Hermippus

Man hat gesagt, mein lieber Hermippus, daß die Dialogform, in der die antiken Philosophen häufig ihre Lehren
darstellten, in späteren Zeiten nicht oft Verwendung fand
und außerdem denen, die sich in ihr versuchten, nur
selten gelang. Jene genaue und systematische Art der
Argumentation, wie man sie heutzutage von einer philosophischen Untersuchung erwartet, führt den Verfasser
ganz von selbst zu jener methodischen und didaktischen
Form der Darstellung, wo man unmittelbar und ohne
Vorbereitung den Punkt, auf den man hinauswill, darlegen und dann ohne Umschweife dazu übergehen kann,
für diesen Punkt die nötigen Beweise zu führen. Ein
System in Dialogform darzustellen, kann kaum als natürlich gelten; und jemand, der in Dialogform schreibt und
dadurch sein Werk als weniger streng erscheinen lassen
sowie den Eindruck des Verhältnisses von *Verfasser* und
Leser vermeiden möchte, verfällt leicht in den größeren
Fehler, das Bild von *Lehrer* und *Schüler* zu vermitteln.
Auch wenn es ihm gelingt, das Gespräch durch themati-
sche Auflockerung und durch Wahrung des rechten
Gleichgewichts zwischen den Partnern auf eine natürliche, ungezwungene Weise ablaufen zu lassen, so verliert
er doch häufig so viel Zeit mit den verschiedenen Einlei-
tungen und Überleitungen, daß der Leser sich durch den
Reiz der Form für das Opfer an Ordnung, Kürze und
Genauigkeit kaum entschädigt fühlen wird.
Doch gibt es einige Themen, für welche die Dialogform
wie geschaffen ist und wo sie der direkten, unkompli-
zierten Art der Darstellung auch heute noch vorzuziehen
ist.
Jede Lehre, deren Richtigkeit so *offenkundig* ist, daß sich
kaum über sie streiten läßt, und die andererseits zugleich
so *wichtig* ist, daß sie dem Leser nicht oft genug einge-

schärft werden kann, dürfte ein derartiges Stilmittel
erfordern – ein Stilmittel, wo die Ungewöhnlichkeit der
Form die Banalität des Inhalts in den Hintergrund treten
läßt, wo die Lebendigkeit eines Gesprächs der betreffenden Lehre Nachdruck verleiht und wo das vielfältige
Licht, das durch die Verschiedenheit der Personen und
Charaktere auf den Gegenstand fällt, weder langweilig
noch überflüssig erscheint.

Aber auch jede philosophische Frage, die so *dunkel* und
ungewiß ist, daß die menschliche Vernunft sie nicht
definitiv entscheiden kann, scheint – sofern man sie
überhaupt behandeln will – ganz von selbst nach der
Dialogform zu verlangen. Man darf vernünftigen Menschen durchaus dort Meinungsverschiedenheiten zugestehen, wo sich vernünftigerweise niemand sicher fühlen
kann. Entgegengesetzte Auffassungen sind, auch ohne
daß zwischen ihnen eine Entscheidung getroffen wird,
eine angenehme Quelle der Unterhaltung. Und wenn der
Gegenstand einer solchen Abhandlung Neugier und
Interesse weckt, so versetzt sie uns gewissermaßen in
Gesellschaft und verbindet so die beiden größten und
reinsten Vergnügen des menschlichen Lebens: geistige
Betätigung und Geselligkeit.

Es trifft sich, daß alle diese Umstände im Fall der *natürlichen Religion* vorliegen. Welche Wahrheit liegt so offen
zutage und ist so gewiß wie die *Existenz* eines göttlichen
Wesens, die selbst in den unwissendsten Perioden der
Geschichte anerkannt wurde und für die die gebildetsten
Geister um die Wette immer neue Beweise und Argumente erdacht haben? Welche Wahrheit ist derart wichtig
wie diese, die der Grund all unserer Hoffnungen, das
sicherste Fundament der Moral, die stärkste Stütze der
Gesellschaft und das einzige Prinzip ist, das wir in
unseren Gedanken und Überlegungen niemals auch nur
einen Augenblick lang außer acht lassen sollten? Wenn
wir uns aber mit dieser offenkundigen und wichtigen

Wahrheit näher beschäftigen, was für dunkle Fragen erheben sich dann in bezug auf die *Natur* jenes göttlichen Wesens: seine Eigenschaften, seine Ratschlüsse, seine Vorsehung! Diese Fragen sind unter den Menschen immer umstritten gewesen; die menschliche Vernunft hat sie nie in definitiver Weise lösen können. Und doch sind sie von derartigem Interesse, daß wir gar nicht anders können, als sie stets von neuem zu untersuchen – wenn auch bei unseren noch so sorgfältigen Untersuchungen bislang nichts als Zweifel, Ungewißheit und logische Widersprüche herausgekommen sind.

Erst kürzlich hatte ich Gelegenheit, dies zu bemerken, als ich wie gewöhnlich einen Teil des Sommers bei Cleanthes verbrachte und bei jenen Gesprächen zwischen Cleanthes, Philo und Demea zugegen war, von denen ich dir neulich in unvollständiger Form berichtete. Dieser Bericht hat, wie du mir sagtest, deine Neugier so erregt, daß ich unbedingt eine genauere, detaillierte Darstellung ihrer Erörterungen geben und jene unterschiedlichen Systeme näher erläutern müsse, die sie zu einem so heiklen Gegenstand wie dem der natürlichen Religion entwickelt haben. Der bemerkenswerte Gegensatz ihrer Charaktere steigerte deine Erwartungen noch zusätzlich; denn du stelltest die exakte philosophische Denkweise des Cleanthes dem unbesonnenen Skeptizismus Philos gegenüber, verglichest aber auch die Einstellungen beider mit der starren, unbeugsamen Rechtgläubigkeit Demeas. Meine Jugend hat mich bei den Diskussionen der drei die Rolle eines bloßen Zuhörers spielen lassen; und jene Wißbegierde, die dem frühen Lebensalter natürlich ist, hat Abfolge und Zusammenhang ihrer Argumente meinem Gedächtnis in allen Punkten so tief eingeprägt, daß ich in meinem Bericht hoffentlich keinen wesentlichen Teil dieser Argumente auslassen oder entstellen werde.

Teil 1

Nachdem ich mich der Runde, die ich in Cleanthes' Bibliothek sitzend fand, zugesellt hatte, äußerte sich Demea gegenüber Cleanthes in anerkennender Weise über seine große Sorgfalt im Zusammenhang mit meiner Erziehung sowie über seine nie wankende Beständigkeit in all seinen Freundschaften. Pamphilus' Vater, sagte er, war dein enger Freund; der Sohn ist dein Zögling, ja darf als dein Adoptivsohn gelten, wenn wir nach der Mühe urteilen wollen, die du dir machst, ihm jeden nützlichen Zweig von Literatur und Wissenschaft nahezubringen. Nun ist deine Einsicht, davon bin ich überzeugt, nicht geringer als dein Eifer. Deshalb möchte ich dir jetzt einen Grundsatz mitteilen, den ich befolgt habe, was meine eigenen Kinder angeht; ich möchte sehen, wieweit er mit deinem Vorgehen im Einklang steht. Und zwar gründet sich die Erziehungsmethode, die ich anwende, auf folgendes Wort eines antiken Autors: »Wer Philosophie studiert, muß zuerst Logik lernen, dann Ethik, darauf Physik und zuallerletzt die Natur der Götter.«[1] Danach erfordert die Wissenschaft der natürlichen Theologie, da sie die tiefste und am schwersten verständliche aller Wissenschaften ist, das größte Maß an Urteilsvermögen; und nur einem Geist, der über all die anderen Wissenschaften schon verfügt, darf man sie ohne Gefahr zumuten.

Wartest du so lange, sagte Philo, bis du deinen Kindern die Grundsätze der Religion beibringst? Ist nicht zu befürchten, daß sie Auffassungen, von denen sie während ihrer ganzen Erziehung so wenig gehört haben, später vernachlässigen oder vollkommen abweisen werden? Lediglich als Wissenschaft, erwiderte Demea, die an

---

1 Chrysipp, zitiert bei Plutarch, *de repug. Stoicorum* [9, 10–35].

menschliche Reflexionen und Erörterungen gebunden ist, stelle ich die Beschäftigung mit der natürlichen Theologie zurück. Die Kinder früh zur Frömmigkeit zu erziehen, ist dagegen meine Hauptsorge; durch ständige Lehre und Unterweisung und auch, wie ich hoffe, durch mein Beispiel präge ich ihrem noch empfänglichen Geist die feste Disposition ein, sämtliche Grundsätze der Religion zu achten. Während sie all die anderen Wissenschaften durchlaufen, weise ich sie immer wieder auf die Ungewißheit der jeweiligen Lehren hin, auf die unaufhörlichen Streitigkeiten der Menschen, auf die Dunkelheit aller Philosophie sowie auf die seltsamen, ja lächerlichen Folgerungen, die einige der größten Geister aus den Grundsätzen der bloßen menschlichen Vernunft abgeleitet haben. Nachdem ich auf diese Weise ihr Selbstvertrauen gezähmt und ihnen die gebührende geistige Demut beigebracht habe, trage ich nicht länger Bedenken, ihnen die größten Geheimnisse der Religion zu eröffnen; jene hochmütige Anmaßung der Philosophie, die jemanden verleiten kann, selbst die etabliertesten Lehren und Auffassungen abzulehnen, scheint mir nun keine Gefahr mehr zu bilden.

Die Vorsorge, sagte Philo, die darin liegt, daß du deine Kinder schon früh zur Frömmigkeit erziehst, ist mit Sicherheit sehr vernünftig und in diesem weltlichen und irreligiösen Zeitalter auch durchaus notwendig. Was ich aber an deiner Erziehungsmethode vor allem bewundere, das ist die Art und Weise, wie du dir jene Grundsätze der Philosophie und Wissenschaft, die Stolz und Selbstzufriedenheit fördern und dadurch auf die Grundsätze der Religion zu allen Zeiten so destruktiv gewirkt haben, gerade zunutze machst. Man kann zwar feststellen, daß das einfache Volk, das von Wissenschaft und Forschung keine Ahnung hat, angesichts der endlosen Streitigkeiten der Gelehrten die Philosophie in aller Regel gründlich verachtet und sich aus diesem Grunde in den zentralen

Lehren der Theologie, die man ihm beigebracht hat, um
so fester verankert. Diejenigen andererseits, die sich
Studium und Forschung in geringem Maße widmen und
gerade in den neuesten und ungewöhnlichsten Lehrmei-
nungen viel Überzeugendes finden, glauben, daß für die
menschliche Vernunft nichts zu schwierig sei; indem sie
voller Anmaßung alle Schranken durchbrechen, entwei-
hen sie den Tempel selbst in seinem heiligsten Innern.
Cleanthes aber wird mir, so hoffe ich, darin zustimmen,
daß es – nachdem die Unwissenheit als sicherstes Schutz-
mittel der Religion einmal hinter uns liegt – doch noch
einen Weg gibt, um diese gottlose Freiheit nicht aufkommen zu lassen. Und zwar besteht er in einer Verbesse-
rung und Vertiefung von Demeas Grundsätzen: Werden
wir uns der Schwäche, Blindheit und Beschränktheit der
menschlichen Vernunft ganz und gar bewußt. Ziehen wir
ihre Ungewißheit und ihre endlosen Widersprüche selbst
in Angelegenheiten des täglichen Lebens und Handelns
gebührend in Betracht. Halten wir uns die Irrtümer und
Täuschungen sogar unserer Sinne vor Augen; die
unüberwindlichen Schwierigkeiten, welche in allen
Systemen die ersten Grundsätze begleiten; die Widersprüche, die bereits den Begriffen von Materie, Ursache
und Wirkung, Ausdehnung, Raum, Zeit, Bewegung
sowie, kurz gesagt, von jedweder Quantität anhaften –
Gegenständen der einzigen Wissenschaft, die mit einigem Grund auf Gewißheit und Evidenz Anspruch erheben kann. Wenn diese Probleme deutlich ins Licht
gerückt werden (wie es einige Philosophen und fast alle
Theologen getan haben), wer kann dann diesem schwachen Vernunftvermögen weiter so viel Vertrauen entgegenbringen, daß er dessen Resultaten in so erhabenen,
schwer verständlichen und der Alltagserfahrung so ent-
rückten Fragen irgendwelche Beachtung schenkt? Wenn
das Zusammenhalten der Teile eines Steines oder auch
nur jenes Zusammengesetztsein aus Teilen, das dem Stein

Ausdehnung verleiht – wenn, sage ich, diese alltäglichen Dinge so unerklärbar sind und so unvereinbare und widersprüchliche Aspekte enthalten, mit welcher Sicherheit können wir dann eine Entscheidung über den Ursprung von Welten treffen oder ihre Geschichte von Ewigkeit zu Ewigkeit verfolgen?

Während Philo dies sagte, konnte ich bemerken, daß sowohl Demea als auch Cleanthes lächelten. In Demeas Lächeln schien uneingeschränkte Genugtuung über die dargelegten Auffassungen zu liegen. Doch Cleanthes' Miene verriet eine gewisse Reserve, als ob er in den Argumenten Philos so etwas wie Ironie oder versteckte Bosheit wahrnehme.

Dein Vorschlag, Philo, sagte Cleanthes, geht also dahin, den religiösen Glauben auf einem philosophischen Skeptizismus aufzubauen. Und du meinst, wenn Gewißheit oder Evidenz aus jedem anderen Forschungsgebiet verbannt wird, werde sie sich uneingeschränkt auf jene Lehren der Theologie zurückziehen und dort eine besondere Stärke und Autorität entfalten. Ob dein Skeptizismus so absolut und aufrichtig ist, wie du vorgibst, werden wir im einzelnen sehen, wenn wir von hier aufbrechen: Dann wird es sich zeigen, ob du zur Tür oder zum Fenster hinausgehst und ob du wirklich zweifelst, daß dein Körper der Schwerkraft unterliegt bzw. durch seinen Fall Schaden nehmen kann (wie die verbreitete Meinung besagt, die sich natürlich aus unseren trügerischen Sinnen und unserer noch trügerischeren Erfahrung herleitet). Diese Betrachtung, Demea, mag übrigens auch dazu dienen, unseren Ärger gegenüber dieser komischen Sekte der Skeptiker zu mildern. Falls sie ihre Position uneingeschränkt ernst nehmen, so werden sie die Welt mit ihren Zweifeln, Spitzfindigkeiten und Streitereien nicht lange behelligen; falls sie sich andererseits nur einen Scherz erlauben, so mag dies zwar ein schlechter Scherz sein, doch für Staat, Philosophie oder Religion

können sie auf diese Weise nie zu einer ernsten Gefahr
werden.

In Wahrheit, Philo, fuhr Cleanthes fort, erscheint es als
sicher, daß jemand zwar in einer momentanen Laune,
nachdem er sich intensiv mit den vielen Widersprüchen
und Unvollkommenheiten der menschlichen Vernunft
befaßt hat, jedweder Überzeugung und Auffassung
abschwören kann, daß er jedoch unmöglich in diesem
totalen Skeptizismus verharren oder ihn auch nur für
wenige Stunden in seinem praktischen Verhalten zum
Ausdruck bringen kann. Gegenstände der Außenwelt
drängen sich ihm auf; Emotionen bewegen ihn: Und
schon verflüchtigen sich seine philosophischen Grübe-
leien, und nicht einmal die größte Willensanstrengung im
Umgang mit den eigenen Empfindungen wird ihn auch
nur für kurze Zeit in die Lage versetzen, wenigstens
einen Schein von Skeptizismus zu bewahren. Und wozu
überhaupt solche Willensanstrengung? Dies ist eine
Frage, die er sich im Einklang mit seinen skeptizistischen
Grundsätzen nie zufriedenstellend wird beantworten
können. Im ganzen gesehen kann daher kaum etwas
lächerlicher sein als die Prinzipien der antiken Pyrrhoneer, die angeblich in allen Lebensbereichen denselben
Skeptizismus zu praktizieren suchten, den sie aus ihren
akademischen Proklamationen entnahmen und den sie
auf diese hätten beschränken sollen.

Unter diesem Gesichtspunkt dürfte zwischen der stoischen und der pyrrhonischen Schule trotz ihres dauern-
den Streites eine große Ähnlichkeit bestehen: Beide
scheinen das falsche Prinzip zur Grundlage zu haben,
daß jemand eine Haltung, die er manchmal und unter
gewissen Umständen einnehmen kann, immer und unter
allen Umständen einnehmen könne. Wenn sich der Geist
mit Hilfe stoischer Betrachtungen zu einer erhabenen
Begeisterung für die Tugend emporgeschwungen hat und
von dieser oder jener Vorstellung von Ehre oder

Gemeinwohl stark ergriffen ist, so wird auch das äußerste Maß an körperlichem Schmerz und Leiden über ein solches Hochgefühl der Pflicht nicht triumphieren; vielleicht kann die Folge sogar sein, daß jemand noch unter Foltern lacht und jubiliert. Und wenn das in der Realität manchmal vorkommen kann, um wieviel mehr dürfte es dann möglich sein, daß sich ein Philosoph unter seinen Gefährten oder auch nur in seiner Studierstube in eine ähnliche Begeisterung hineinsteigert und dabei in seiner Einbildung den heftigsten Schmerz oder das größte Desaster, das er sich vorstellen kann, aushält. Wie aber soll er diese *Begeisterung* auf die Dauer aushalten? Seine geistige Anspannung läßt nach und kann nicht nach Belieben wieder erzeugt werden. Andere Dinge lenken ihn ab; unvorhergesehene Unglücksfälle stürmen auf ihn ein: Der Philosoph sinkt nach und nach auf die Stufe des einfachen Mannes.

Deinen Vergleich zwischen Stoikern und Skeptikern lasse ich gelten, antwortete Philo. Doch du solltest gleichzeitig beachten, daß im Stoizismus der Geist, mag er auch seinen philosophischen Höhenflug nicht durchhalten können, selbst im Absinken seine einmal gewonnene Haltung noch teilweise bewahrt. Die Wirkungen des stoischen Denkens werden sich im alltäglichen Verhalten des Betreffenden erweisen und als Leitmotiv sein Handeln durchziehen. Die antiken Philosophenschulen, insbesondere die des Stoikers Zeno, kannten Beispiele von Tugend und Standhaftigkeit, die in unserer Zeit Erstaunen hervorrufen.

> Eitles Wissen nur und falsche Schulweisheit,
> Die doch die Sorge bannen für geraume Zeit,
> Die Herzensangst und Pein vergessen machen,
> Illusionen nähren, die verstockte Brust mit standhafter
>   Geduld
> Wie dreifach Stahl umpanzern konnten.[2]

2 [John Milton, *Paradise Lost* II, 565–569.]

Ganz ähnlich wird jemand, dem skeptische Betrachtungen über die Ungewißheit und die engen Grenzen der Vernunft zur Gewohnheit geworden sind, diese nicht völlig vergessen, wenn er sich anderen Gegenständen zuwendet. Er wird vielmehr in seinem gesamten philosophischen Denken und Argumentieren – ich wage nicht zu sagen: in seinem alltäglichen Verhalten – sich von denen unterscheiden, die sich über das Problem entweder nie eine Meinung gebildet haben oder aber eine Auffassung vertreten, welche in die menschliche Vernunft größeres Vertrauen setzt.

Wie weit auch immer jemand seinen Skeptizismus in der Theorie treiben mag, er muß, das gebe ich zu, handeln, leben und sich verständigen wie andere Menschen; und er braucht hierfür keinen anderen Grund anzuführen als die absolute Notwendigkeit, die ihn zu einem solchen Verhalten zwingt. Wenn er seine Reflexionen über dieses notwendige Verhalten hinaus ausdehnt und sich über Gegenstände der natürlichen oder der geistigen Welt philosophische Gedanken macht, so verleiten ihn hierzu ein gewisses Vergnügen und eine gewisse Befriedigung, die er in solcher Betätigung findet. Er macht sich außerdem klar, daß jedermann, selbst im gewöhnlichen Leben, dieses philosophische Denken nicht völlig verleugnen kann; daß wir von unserer frühesten Kindheit an mit zunehmendem Alter immer allgemeinere Grundsätze des Verhaltens und des Denkens bilden; daß diese Grundsätze mit wachsender Erfahrung und Vernunft in ihrer Tragweite immer umfassender werden; und daß das, was wir als Philosophie bezeichnen, nichts anderes als ein stärker systematisch und methodisch orientiertes Vorgehen derselben Art ist. Das Philosophieren über die betreffenden Gegenstände unterscheidet sich nicht wesentlich vom Nachdenken über Dinge des gewöhnlichen Lebens; von unserer Philosophie dürfen wir lediglich ein größeres Maß wennschon nicht an Wahrheit, so doch – in Anbe-

tracht ihres genaueren und gewissenhafteren Vorgehens –
an Beständigkeit erwarten.

Wenn wir jedoch über die Sphäre des Menschen und der
ihn umgebenden Gegenstände hinausblicken, wenn wir
unsere Reflexionen auf die beiden Ewigkeiten richten,
die dem gegenwärtigen Zustand der Welt vorhergehen
bzw. nachfolgen, also auf die Schöpfung und Gestaltung
der Welt, auf die Existenz und das Wesen von Geistern
sowie auf das Vermögen und Wirken eines einzigen
allumfassenden Geistes, der ohne Anfang und ohne
Ende, dazu allmächtig, allwissend, unveränderlich,
unendlich und unbegreiflich ist: dann müßten wir ohne
die geringste Neigung zum Skeptizismus sein, um nicht
zu bemerken, daß wir hier den Bereich unserer Fähigkeiten deutlich überschritten haben. Solange wir unsere
Reflexionen auf Fragen des Handels, der Moral, der
Politik oder der Ästhetik beschränken, wenden wir uns
immer wieder an Denken und Erfahrung des Alltags, die
uns in unseren philosophischen Schlüssen bestärken und
zumindest zum Teil jenes Mißtrauen beseitigen, das wir
nur zu berechtigt gegen jede besonders subtile und aus-
geklügelte Überlegung hegen. Doch hinsichtlich Überlegungen theologischer Art befinden wir uns nicht in
dieser günstigen Lage – obgleich wir es gerade hier mit
Gegenständen zu tun haben, die, wie wir nicht übersehen können, unser Begreifen übersteigen und deshalb
mehr als alle anderen Gegenstände unserem Verstand erst
nahegebracht werden müßten. Wir gleichen Leuten, die
in einem fremden Lande leben: Alles muß ihnen verdäch-
tig vorkommen, und jeden Augenblick sind sie in
Gefahr, die Gesetze und Gebräuche der Menschen, unter
denen sie leben und verkehren, zu verletzen. Wir wissen
nicht, inwieweit wir unseren gewöhnlichen Denkmetho-
den auf einem derartigen Gebiet vertrauen sollen; denn
selbst ihre Anwendung im Alltagsleben und in dem
Bereich, auf den sie speziell zugeschnitten sind, läßt sich

nicht weiter begründen, sondern geht ganz und gar auf
eine Art von Instinkt oder Notwendigkeit zurück.

Alle Skeptiker behaupten, daß die Vernunft, abstrakt
betrachtet, unüberwindliche Argumente gegen sich
selbst parat hat und daß wir uns niemals in irgend etwas
eine sichere Überzeugung bewahren könnten, wenn
nicht das skeptische Denken zu subtil wäre, als daß es
unsere solideren und natürlicheren Argumente, die auf
den Sinnen und auf der Erfahrung basieren, aus dem
Felde schlagen könnte. Doch immer dann, wenn unsere
Argumente dieses Vorteils verlustig gehen und sich vom
gewöhnlichen Leben entfernen, befindet sich selbst der
subtilste Skeptizismus offenkundig auf einer Ebene mit
ihnen und kann ihnen mit Erfolg entgegentreten. Beide
Seiten besitzen gleichviel Gewicht. Der Geist muß ihnen
gegenüber unentschieden bleiben; und gerade in dieser
Unentschiedenheit, in diesem Gleichgewicht beider Seiten besteht der Triumph des Skeptizismus.

Ich bemerke jedoch, sagte darauf Cleanthes, was dich,
Philo, und alle theoretischen Skeptiker anbetrifft, so
stehen eure Lehre und euer Verhalten in den schwierigsten Erkenntnisfragen ebensosehr in Widerspruch zueinander wie im Rahmen des gewöhnlichen Lebens. Überall
dort, wo sich Evidenz zeigt, da haltet ihr euch an sie –
trotz eures Bekenntnisses zum Skeptizismus. Ja, einige
von euch scheinen in ihren Entscheidungen nicht weniger bestimmt zu sein als diejenigen, die sich zu einem
höheren Maß an Gewißheit und Sicherheit bekennen. In
der Tat, wäre es nicht lächerlich, wenn jemand Newtons
Erklärung des wunderbaren Phänomens des Regenbo-
gens mit der Begründung verwerfen wollte, daß diese
Erklärung auf einer bis ins Kleinste gehenden Zerlegung
der Lichtstrahlen beruhe und daß sich ein derart subtiler
Gegenstand menschlichem Fassungsvermögen entziehe?
Und wie würdest du auf jemanden reagieren, der gegen
die Argumente von Kopernikus und Galilei für die Erd-

bewegung zwar im einzelnen keine Einwände vorbringen könnte, diesen Argumenten jedoch aufgrund des allgemeinen Satzes seine Zustimmung verweigern würde, daß diese Gegenstände zu gewaltig und abgelegen seien, als daß die beschränkte und trügerische menschliche Vernunft sie erklären könne?

Es gibt in der Tat eine Art von stumpfsinnigem und ungebildetem Skeptizismus, wie du treffend bemerkt hast, der dem einfachen Volk ein allgemeines Vorurteil eingibt gegen alles, was es nicht leicht versteht, und es jedes Prinzip verwerfen läßt, das eine komplizierte Beweisführung erfordert. Diese Art von Skeptizismus wirkt sich verhängnisvoll aus für die Wissenschaft, nicht für die Religion. Denn wir finden, daß diejenigen, die sich am entschiedensten zu ihm bekennen, häufig nicht nur den gewaltigen Wahrheiten des Theismus und der natürlichen Theologie ihre Zustimmung geben, sondern ebenso den absurdesten Annahmen, die ein überlieferter Aberglaube ihnen vermittelt. Sie glauben fest an Hexen; doch dem einfachsten Lehrsatz des Euklid schenken sie keinen Glauben und keine Beachtung. Was aber die hochstehenden und philosophischen Skeptiker betrifft, so geraten sie in einen Widerspruch entgegengesetzter Art. Sie verfolgen ihre Untersuchungen bis in die abseitigsten Winkel der Wissenschaft und prüfen jeden Schritt, wobei sie das Maß ihrer Zustimmung dem jeweiligen Maß der Beweiskraft anpassen. Sie müssen sogar anerkennen, daß gerade die schwierigsten und entlegensten Gegenstände jene sind, die durch die Philosophie am besten geklärt werden. So besteht das Licht in Wirklichkeit aus kleinsten Teilen; und man ergründet und beschreibt das wahre System der Himmelskörper. Dagegen ist der Stoffwechsel in einem Körper nach wie vor ein unerklärbares Geheimnis und der Zusammenhalt von Materieteilchen immer noch unbegreiflich. Diese Skeptiker sind daher genötigt, bei jeder aufkommenden Frage die jeweils relevanten Beweise als solche gesondert zu überprüfen und das jeweilige Maß ihrer Zustimmung ganz genau am jeweiligen Maß der aufgefundenen Beweiskraft auszurichten. So gehen sie vor bei allen physikalischen, mathematischen, moralischen und politischen Fragen. Warum dann nicht auch, so frage ich, bei den theologischen und religiösen Fragen? Warum sollen hier Schlußfolgerungen allein aufgrund der allgemeinen Annahme der Unzulänglichkeit der menschlichen Vernunft, ohne jede Einzelerörterung des Beweismaterials verworfen werden? Läßt ein derartig ungleiches Verfahren nicht deutlich Vorurteile und Emotionen erkennen?

Unsere Sinne, sagst du, sind trügerisch, unser Verstand ist dem Irrtum ausgesetzt und unsere Vorstellungen sogar von den ganz gewöhnlichen Dingen – wie Ausdehnung, zeitliche Dauer und Bewegung – sind voll von Ungereimtheiten und Widersprüchen. Du konfrontierst mich mit der Herausforderung, diese Schwierigkeiten zu lösen bzw. die Widersprüche, zu denen sie nach deiner Meinung führen, zu versöhnen. Zu einem so gewaltigen Unternehmen besitze ich weder die Fähigkeit noch die Muße; und außerdem erscheint es mir als überflüssig. Dein eigenes Verhalten widerlegt immer wieder deine Grundsätze und zeigt, daß du sämtlichen etablierten Regeln im Bereich von Wissenschaft, Moral, Klugheit und Lebenspraxis ganz fest vertraust.

Ich werde nie dem harten Urteil eines berühmten Autors[3] zustimmen, wonach die Skeptiker nicht eine Schule von Philosophen sind, sondern nur eine Schule von Lügnern. Ich möchte behaupten (hoffentlich ohne Anstoß zu erregen), daß sie eine Schule von Schelmen und Spaßvögeln sind. Was mich betrifft, so ziehe ich immer dann, wenn mir der Sinn nach heiterer Unterhaltung steht, mit

---

3 *L'art de penser* [Antoine Arnauld, *La logique ou l'art de penser*, 1662].

Sicherheit eine weniger verwirrende und abstruse Form derselben vor. Eine Komödie, ein Roman oder vielleicht auch noch eine geschichtliche Darstellung versprechen natürlichere Entspannung als solche metaphysischen Haarspaltereien und Abstraktionen.

Es wäre vergeblich, wollte der Skeptiker einen Unterschied zwischen Wissenschaft und gewöhnlichem Leben oder zwischen der einen Wissenschaft und der anderen machen. Die Argumente, die hier wie dort verwendet werden, sind, sofern zutreffend, von der gleichen Art und enthalten die gleiche Beweiskraft und Evidenz. Wenn aber ein Unterschied zwischen ihnen besteht, so liegt die Überlegenheit ganz und gar auf der Seite der Theologie und der natürlichen Religion. Viele Grundsätze der Mechanik beruhen auf recht abstrusen Gedankengängen. Und doch würde niemand, dem an wissenschaftlichem Denken etwas gelegen ist – auch nicht der theoretische Skeptiker –, diese Grundsätze im geringsten bezweifeln wollen. Das kopernikanische System enthält die verblüffendste Paradoxie; es steht in stärkstem Widerspruch zu unseren natürlichen Vorstellungen, zu den Erscheinungen, ja zu unserer Wahrnehmung. Und doch sind jetzt selbst Mönche und Inquisitoren gezwungen, ihre Opposition dagegen aufzugeben. Will nun Philo, ein so unvoreingenommener und kenntnisreicher Mann, der religiösen Hypothese irgendwelche allgemeinen und nicht ins einzelne gehenden Zweifel entgegensetzen – einer Hypothese, die sich auf die einfachsten und offenkundigsten Argumente stützt und, sofern sie nicht künstlichen Hindernissen begegnet, dem menschlichen Denken so problemlos zugänglich ist?

Und hier können wir, so fuhr er zu Demea gewendet fort, einen ziemlich seltsamen Umstand in der Geschichte der Wissenschaften bemerken. Nachdem mit der Etablierung des Christentums die Vereinigung der Philosophie mit der Populärreligion zustande gekommen

war, war unter sämtlichen Lehrern der Religion nichts
üblicher als heftige Auslassungen gegen die Vernunft,
gegen die Sinne, gegen jedes Prinzip, das sich lediglich
menschlicher Untersuchung und Forschung verdankt.
Alle wesentlichen Lehren der antiken Akademie der
Skeptiker wurden von den Kirchenvätern übernommen
und in der Folge jahrhundertelang in jeder Lehranstalt
und von jeder Kanzel der Christenheit verbreitet. Die
Reformatoren machten sich dieselben Grundsätze des
Denkens – oder vielmehr ungezügelten Redens – zu
eigen; jede Lobrede auf die Vorzüge des Glaubens wurde
mit Sicherheit mit einigen massiven satirischen Stichen
gegen die natürliche Vernunft versehen. Und ebenso
verfaßte ein renommierter Würdenträger der römischen
Kirche[4], ein Mann von außerordentlich weitgespannter
Gelehrsamkeit, neben einer Schrift zum Beweis des
Christentums auch eine Abhandlung, in der sich sämtliche Spitzfindigkeiten des kühnsten und entschiedensten
Pyrrhonismus finden. John Locke scheint der erste
Christ gewesen zu sein, der offen zu behaupten wagte,
daß der *Glaube* nichts anderes als eine besondere Form
vernünftigen Denkens, Religion lediglich ein Zweig der
Philosophie ist und daß man sich bei der Entdeckung
sämtlicher Grundsätze der – natürlichen wie offenbarten
– Theologie stets einer Argumentationsweise bedient hat,
die dem Prozeß der Wahrheitsfindung in der Moral, in
der Politik oder in der Physik durchaus ähnlich ist. Der
schlimme Gebrauch, den Pierre Bayle und andere Freigeister von dem philosophischen Skeptizismus der Kir-
chenväter und der ersten Reformatoren machten, trug
noch weiter zur Verbreitung der einsichtsvollen Auffassung Lockes bei. Und inzwischen wird von allen, die auf
Rationalität und Philosophie Gewicht legen, praktisch
anerkannt, daß die Ausdrücke »Atheist« und »Skepti-

4 Pierre-Daniel Huet.

ker« fast dasselbe bedeuten. Und da es gewiß ist, daß sich niemand im Ernst zum Skeptizismus bekennt, so möchte ich hoffen, daß es gleicherweise niemanden gibt, der im Ernst den Atheismus vertritt.

Erinnerst du dich nicht, sagte Philo, an das treffende Wort Francis Bacons zu diesem Thema? Daß wenig Philosophie, erwiderte Cleanthes, jemanden zum Atheisten werden läßt, viel Philosophie ihn jedoch zur Religion zurückführt. Auch das ist eine sehr kluge Bemerkung, sagte Philo. Doch was ich im Auge habe, ist eine andere Stelle, wo dieser große Philosoph den Toren im Psalm Davids erwähnt, der in seinem Herzen »Es ist kein Gott« sagt, und wo er darauf bemerkt, daß die heutigen Atheisten im doppelten Sinne Toren seien: Sie beschränkten sich nämlich nicht darauf, in ihrem Herzen »Es ist kein Gott« zu sagen, sondern sie äußerten diese Gottlosigkeit auch mit den Lippen und machten sich daher einer doppelten Dummheit und Unbesonnenheit schuldig. Solche Leute können, so ernst es ihnen auch sein mag, meiner Meinung nach nicht sehr überzeugend wirken.

Doch selbst auf die Gefahr hin, daß du mich als einen dieser Toren ansiehst, kann ich es nicht lassen, dir eine Beobachtung mitzuteilen, die ich innerhalb der Geschichte des religiösen wie des irreligiösen Skeptizismus, mit der du uns unterhalten hast, gemacht habe. Wie mir scheint, treten in diesem ganzen historischen Ablauf starke Anzeichen von priesterlicher List zutage. In Zeiten der Unwissenheit, wie sie auf die Auflösung der antiken Philosophenschulen folgten, kamen die Priester zu der Erkenntnis, daß Atheismus, Deismus oder irgendwelche anderen ketzerischen Thesen allein aus der anmaßenden Infragestellung überkommener Auffassungen sowie aus der Überzeugung, daß die menschliche Vernunft jedem Problem gewachsen sei, entspringen könnten. Die Erziehung hatte damals einen gewaltigen

Einfluß auf das Denken und war in ihrer Wirkung fast
ebenso stark wie jene Impulse seitens der Sinne und des
gesunden Menschenverstandes, durch die sich notge-
drungen auch der entschiedenste Skeptiker leiten läßt.
Doch gegenwärtig, wo der Einfluß der Erziehung viel
geringer ist und die Menschen infolge leichterer Kontakte überallhin die jeweils herrschenden Grundsätze
verschiedener Völker und Zeiten zu vergleichen gelernt
haben, hat unsere kluge Geistlichkeit ihr gesamtes philosophisches System gewechselt; nun spricht man die Sprache der Stoiker, Platoniker und Peripatetiker – nicht die
der Pyrrhoneer und Akademiker. Mißtrauen wir der
menschlichen Vernunft, so besitzen wir jetzt keine
andere Richtschnur, die uns zur Religion führen könnte.
So sind sie also heute Skeptiker, morgen Dogmatiker;
welches System auch immer diesen ehrwürdigen Herren
Macht über die Menschen verschafft und insoweit ihren
Zwecken dient, das machen sie mit Sicherheit zu ihrem
Leitprinzip und zur herrschenden Lehre.

Es ist natürlich, sagte Cleanthes, daß jemand sich diejenigen Prinzipien zu eigen macht, mit deren Hilfe er am
besten seine Auffassungen verteidigen zu können glaubt.
Wir brauchen keine priesterliche List zu bemühen, um
eine so naheliegende Strategie zu erklären. Und sicher-
lich kann nichts eine gewichtigere Wahrheitsvermutung
zugunsten irgendwelcher Prinzipien darstellen als die
Beobachtung, daß sie zur Bestätigung der wahren Religion sowie zur Widerlegung der Spitzfindigkeiten aller
Schattierungen von Atheisten, Ungläubigen und Freigei-
stern dienlich sind.

Teil 2

Ich muß gestehen, Cleanthes, sagte Demea, daß mich nichts in größeres Erstaunen versetzen kann als das Licht, in dem du dieses Argument die ganze Zeit über hast erscheinen lassen. Nach dem gesamten Tenor deiner Ausführungen sollte man meinen, du behauptest, entgegen der Kritik von Atheisten und Ungläubigen, daß es einen Gott gebe, und siehst dich genötigt, dieses fundamentale Prinzip aller Religion zu verteidigen. Doch das steht, so hoffe ich, zwischen uns überhaupt nicht in Frage. Kein Mensch, jedenfalls kein Mensch mit gesundem Menschenverstand, hat nach meiner Überzeugung an einer so gewissen und selbstverständlichen Wahrheit jemals ernsthaft gezweifelt. Nicht die *Existenz*, sondern das *Wesen* Gottes steht hier zur Debatte. Und von diesem Wesen Gottes behaupte ich, daß es uns infolge der Schwachheit der menschlichen Vernunft vollkommen unbegreiflich und unbekannt ist. Die Natur dieses höchsten Geistes, seine Eigenschaften, die Art seiner Existenz, das wahre Wesen seiner Unvergänglichkeit: dies wie alles andere in bezug auf ein so sehr göttliches Wesen ist für den Menschen ein Geheimnis. Endliche, schwache und blinde Geschöpfe, die wir sind, sollten wir uns vor seiner erhabenen Gegenwart in Demut beugen. Im Bewußtsein unserer Vergänglichkeit sollten wir seine unendliche Vollkommenheit, die kein Auge sehen, kein Ohr hören und keines Menschen Herz fassen kann, schweigend verehren. Sie ist vor menschlicher Wißbegierde in einer dunklen Wolke verborgen. Jeder Versuch, dieses erhabene Dunkel zu durchdringen, ist frevelhaft. Und gleich nach der Gottlosigkeit, die seine Existenz leugnet, kommt die Verwegenheit, die sein Wesen und seine Natur, seine Ratschlüsse und seine Eigenschaften zu erforschen trachtet.

Aber damit du nicht denkst, daß hier meine Frömmigkeit über mein philosophisches Denken die Oberhand gewonnen hat, will ich meine Ansicht noch auf eine besonders bedeutende Autorität stützen – sofern sie überhaupt irgendeiner Stütze bedarf. Ich könnte fast sämtliche Gottesgelehrten seit der Gründung des Christentums anführen, die diesen oder irgendeinen anderen theologischen Gegenstand jemals behandelt haben. Doch ich will mich für den Augenblick auf *einen* von ihnen beschränken, der für seine Frömmigkeit wie für sein philosophisches Denkvermögen gleichermaßen berühmt ist. Es handelt sich um Nicolas Malebranche, der sich, wie ich mich erinnere, folgendermaßen äußert[5]:

»Man sollte Gott nicht so sehr deshalb einen Geist nennen, um positiv zu sagen, was er ist, als um deutlich zu machen, daß er nicht Materie ist. Er ist ein unendlich vollkommenes Wesen, daran können wir nicht zweifeln. Aber ebenso wie wir, selbst wenn wir ihn als körperlich denken, uns nicht vorstellen dürfen, daß er einen menschlichen Leib besitzt, wie die Anthropomorphisten unter dem Vorwand, daß diese Gestalt die vollkommenste sei, behauptet haben; so dürfen wir uns auch unter dem Vorwand, daß wir nichts Vollkommeneres als einen menschlichen Geist kennen, nicht vorstellen, daß der göttliche Geist menschliche Vorstellungen hat oder irgendeine Ähnlichkeit mit unserem Geist aufweist. Vielmehr sollten wir glauben, daß er, wie er die Vollkommenheiten der Materie umfaßt, ohne materiell zu sein, so auch die Vollkommenheiten eines geschaffenen Geistes umfaßt, ohne in dem Sinne Geist zu sein, wie wir diesen begreifen; und daß sein wahrer Name lautet *Der da ist*, oder in anderen Worten: Wesen ohne Schranken, Allwesen, Wesen, das unendlich und allumfassend ist.«

5 *Recherche de la Vérité*, Buch III, Kap. 9.

Angesichts einer so bedeutenden Autorität, Demea, wie du sie angeführt hast, erwiderte Philo, und tausend weiterer Autoritäten, die du anführen könntest, würde es lächerlich erscheinen, wenn ich noch meine Auffassung dazugeben oder zu deiner These meine Zustimmung äußern wollte. Ganz gewiß, wo vernünftige Menschen dieses Thema behandeln, kann die Frage niemals um die *Existenz*, sondern nur um das *Wesen* der Gottheit gehen. Die Existenz Gottes ist, wie du zutreffend bemerkst, unbestreitbar und selbstverständlich. Nichts existiert ohne eine Ursache. Und die ursprüngliche Ursache dieses Universums (wie immer sie beschaffen sein mag) nennen wir Gott und schreiben ihr in Ehrfurcht jede Art von Vollkommenheit zu. Wer an dieser fundamentalen Wahrheit zweifelt, verdient jede Strafe, die Philosophen einander zufügen können, nämlich die größte Verspottung, Verachtung und Mißbilligung. Da jedoch jede erfahrbare Vollkommenheit ganz und gar relativ ist, dürfen wir uns keinesfalls einbilden, daß wir die Eigenschaften dieses göttlichen Wesens begreifen, oder annehmen, daß seine Vollkommenheiten zu denen eines menschlichen Geschöpfes irgendeine Analogie oder Ähnlichkeit aufweisen. Mit Recht schreiben wir ihm Weisheit, Denken, Absicht und Erkenntnis zu; denn diese Worte besitzen unter Menschen einen ehrenvollen Klang, und wir haben keine anderen Ausdrücke oder Begriffe, durch die wir unsere Verehrung für Gott zum Ausdruck bringen können. Doch wir sollten uns hüten zu denken, daß unsere Vorstellungen in irgendeiner Weise seinen Vollkommenheiten entsprechen oder daß seine Eigenschaften irgendeine Ähnlichkeit mit den entsprechenden Eigenschaften beim Menschen haben. Er ist über unser begrenztes Verstehen und Begreifen unendlich erhaben und mehr Gegenstand kirchlicher Verehrung als wissenschaftlicher Erörterung.

In Wahrheit, Cleanthes, so fuhr er fort, ist es nicht

notwendig, jenen unechten, dir so mißfallenden Skeptizismus heranzuziehen, um zu diesem Ergebnis zu gelangen. Unsere Vorstellungen reichen nicht weiter als unsere Erfahrung; und wir besitzen keine Erfahrung von göttlichen Eigenschaften und Handlungen: Ich brauche die Schlußfolgerung hieraus nicht zu ziehen, du kannst es selbst. Und es freut mich (wie es hoffentlich auch dich freut), daß richtiges Denken und wahre Frömmigkeit hier zu demselben Ergebnis kommen und beide das anbetungswürdige, unbegreifliche Geheimnis der Natur des höchsten Wesens erweisen.

Um keine Zeit zu verlieren mit allgemeinen Redensarten, sagte Cleanthes an Demea gewandt, und noch viel weniger mit Erwiderungen auf die frommen Auslassungen Philos, will ich kurz darlegen, wie ich diese Sache sehe. Blick dich um in der Welt; betrachte sie insgesamt und jeden ihrer Teile. Du wirst finden, daß sie nichts anderes als eine einzige große Maschine ist, unterteilt in eine unendliche Anzahl kleinerer Maschinen, die wiederum Unterteilungen enthalten – bis zu einem Punkt, an dem menschliche Sinne und Fähigkeiten nichts mehr entdecken oder erklären können. Alle diese verschiedenen Maschinen und selbst ihre kleinsten Teile sind einander mit einer Genauigkeit angepaßt, die jeden, der sie betrachtet, in höchste Bewunderung versetzt. Die erstaunliche Art und Weise, wie Mittel und Zwecke in der ganzen Natur einander angepaßt sind, findet sich genauso – wenngleich nicht in einer derartig starken Ausprägung – bei den Produkten menschlicher Tätigkeit: menschlicher Planung, Erfindung, Klugheit und Intelligenz. Da also die Wirkungen einander gleichen, gelangen wir nach allen Regeln der Analogie zu dem Schluß, daß auch die Ursachen einander gleichen und daß der Urheber der Natur dem Geist des Menschen einigermaßen ähnlich ist – wenngleich er, der Erhabenheit seines Werkes entsprechend, im Besitz viel größerer Fähigkeiten sein muß. Durch dieses Argument *a posteriori* – und durch dieses Argument allein – beweisen wir zugleich die Existenz einer Gottheit und ihre Ähnlichkeit mit menschlichem Geist und Verstand.

Ich nehme mir die Freiheit, dir zu sagen, Cleanthes, erwiderte Demea, daß ich von Anfang an deinem Schluß, die Gottheit habe menschenähnliche Züge, nicht zustimmen konnte. Und noch weniger kann ich den Methoden zustimmen, mit denen du diesen Schluß zu begründen suchst. Wie, keine *Demonstration* der Existenz Gottes? Keine abstrakten Argumente? Keine Beweise *a priori*? Sind diese Beweise, auf die Philosophen bisher so großes Gewicht gelegt haben, nichts als Trugschlüsse und Sophismen? Müssen wir in dieser Frage bei Erfahrung und Wahrscheinlichkeit stehenbleiben? Ich will nicht sagen, daß dies Verrat an der Sache der Gottheit ist; aber mit Sicherheit gibst du durch diese übertriebene Nachgiebigkeit den Atheisten einen Vorteil in die Hand, den sie allein durch die Stärke ihrer Argumente nie erreichen könnten.

Was mir hier besonders problematisch erscheint, sagte Philo, ist nicht so sehr, daß alle Argumente zum Thema Religion von Cleanthes auf Erfahrung gestützt werden, als daß sie nicht einmal unter den Argumenten dieser niederen Art als die sichersten und am wenigsten widerlegbaren gelten können. Daß ein Stein nach unten fällt, daß Feuer brennt, daß die Erde Festigkeit besitzt, das haben wir unzählige Male wahrgenommen; und wenn irgendein neuer Fall dieser Art auftaucht, so ziehen wir ohne Zögern den gewohnten Schluß. Die völlige Gleichartigkeit der Fälle gibt uns hier die absolute Gewißheit eines gleichartigen Ergebnisses, und ein stärkerer Beweis wird weder erwartet noch gesucht. Aber wo es im geringsten an der Gleichartigkeit der Fälle fehlt, da nimmt die Stärke des Beweises entsprechend ab – bis hin zu dem Punkt einer äußerst schwachen Analogie, die,

wie jeder zugibt, Irrtum und Ungewißheit unterliegt.
Nachdem wir den Blutkreislauf bei menschlichen Wesen
beobachtet haben, zweifeln wir nicht, daß Titus und
Mävius ihn haben. Doch aus dem Blutkreislauf bei Frös-
chen und Fischen ergibt sich lediglich eine auf Analogie
gestützte, wenn auch starke Vermutung, daß es ihn bei
Menschen und anderen Lebewesen gibt. Der Analogie-
beweis ist bedeutend schwächer, wenn wir aus der Beobachtung des Blutkreislaufs bei Tieren auf den Saftkreis-
lauf bei Pflanzen schließen; und wer dieser unvollkommenen Analogie übereilt Vertrauen schenkt, wird durch
genauere Beobachtungen des Irrtums überführt.
Wenn wir ein Haus sehen, Cleanthes, schließen wir mit
der größten Gewißheit, daß es einen Architekten oder
Erbauer hatte; denn dies ist genau die Art von Wirkung,
die nach unserer Erfahrung aus dieser Art von Ursache
entsteht. Aber sicher willst du nicht behaupten, das
Universum habe derartige Ähnlichkeit mit einem Haus,
daß wir mit derselben Gewißheit auf eine ähnliche Ursache schließen können; mit anderen Worten, du willst
doch nicht behaupten, daß wir es hier mit einer vollkommenen und ungeschwächten Analogie zu tun haben. Die
Unähnlichkeit ist so augenfällig, daß du hier äußersten-
falls den Anspruch erheben kannst, im Wege des Ratens
oder Vermutens auf eine ähnliche Ursache zu schließen.
Und wie man diesen Anspruch in der Welt aufnehmen
wird, darfst du dir selbst ausmalen.
Ohne Frage würde man ihn alles andere als gut aufnehmen, erwiderte Cleanthes; mit Recht würde man mich
tadeln und verachten, wenn ich zugäbe, daß die Beweise
für eine Gottheit über Raten und Vermuten nicht hinaus-
gehen. Aber besitzt die ganze Anpassung von Mitteln
und Zwecken in einem Haus und im Universum eine so
geringe Ähnlichkeit? Die Ökonomie der Zweckursachen? Die Ordnung, Verhältnismäßigkeit und Einfügung
jedes einzelnen Teiles? Treppenstufen sind eindeutig

dazu gemacht, daß menschliche Beine sie zum Steigen
benutzen können. Dieser Schluß ist sicher und unfehl-
bar. Menschliche Beine sind ebenfalls zum Gehen und
Steigen gemacht. Dieser Schluß ist, das gebe ich zu, nicht
ganz so sicher, wegen der Unähnlichkeit, auf die du
hinweist. Aber verdient er deshalb bloß den Namen einer
vagen Vermutung?

Großer Gott, rief Demea ihn unterbrechend, wo sind
wir? Eifrige Verfechter der Religion gestehen zu, daß die
Beweise für eine Gottheit keine vollkommene Evidenz
besitzen! Und du, Philo, auf dessen Unterstützung beim
Beweis des anbetungswürdigen Geheimnisses der göttlichen Natur ich mich verließ, stimmst all diesen über-
spannten Auffassungen von Cleanthes zu? Denn wie soll
man sie anders bezeichnen? Und warum soll ich meinen
Tadel zurückhalten, wenn derartige Theorien, gestützt
auf eine derartige Autorität, vor einem so jungen Menschen wie Pamphilus vertreten werden?

Du scheinst zu übersehen, antwortete Philo, daß ich mit
Cleanthes auf der Basis seiner eigenen Prämissen disku-
tiere. Indem ich ihm die bedenklichen Konsequenzen
dieser Prämissen vor Augen führe, hoffe ich ihn letzten
Endes wieder zu unserer Auffassung zu bekehren. Doch
was dich am meisten beunruhigt, ist, wie ich sehe, die
Darstellung, die Cleanthes von dem Beweis *a posteriori*
gegeben hat. Du fürchtest, daß dieser Beweis dir zwischen den Händen zerrinnen und sich in nichts auflösen
könnte, und glaubst daher, er sei entstellt und nicht in
seiner wahren Form wiedergegeben worden. Ich muß
jedoch, so sehr ich auch in anderer Hinsicht von den
gefährlichen Theorien, die Cleanthes vertritt, abweiche,
zugeben, daß er diesen Beweis richtig dargestellt hat; und
ich will nun versuchen, dir die Sache so zu erläutern, daß
sich die Bedenken, die du hast, zerstreuen.

Wenn jemand von allem, was er weiß oder erfahren hat,
absehen würde, so könnte er, nur auf seine eigenen

Vorstellungen angewiesen, keinesfalls angeben, wie die
Welt aussehen müßte; er könnte nicht einen der möglichen Weltzustände gegenüber den anderen für wahrscheinlicher halten. Denn da nichts, was er sich in klarer
Form vorstellt, als logisch unmöglich gelten könnte, so
hätte jedes Gebilde seiner Phantasie die gleiche Wahrscheinlichkeit für sich; es gäbe keinen guten Grund,
warum er sich auf die eine Vorstellung oder das eine
System von Vorstellungen festlegen und die gleichermaßen möglichen Alternativen verwerfen sollte.

Auch könnte er, wenn er die Augen öffnet und sich die
Welt, wie sie in Wirklichkeit ist, anschaut, keinesfalls
sogleich für irgendein Ereignis die Ursache angeben – am
wenigsten aber für die Gesamtheit der Dinge, das Universum. Er könnte vielmehr seiner Phantasie freien Lauf
lassen und sich von ihr eine unendliche Vielfalt von
Darstellungen und Erklärungen liefern lassen. Diese
wären alle möglich. Da sie aber alle *in gleichem Maße*
möglich wären, könnte er von sich aus niemals hinreichend begründen, warum er eine von ihnen den übrigen
vorzieht. Allein die Erfahrung kann ihn die wahre Ursache einer Erscheinung erkennen lassen.

Aus dieser Methode des Schließens, Demea, folgt nun
(und stillschweigend gesteht das auch Cleanthes zu), daß
Ordnung, Einfügung und Anpassung von Zweckursachen als solche noch kein Beweis für eine bewußte
Planung sind, sondern nur, sofern uns die Erfahrung
gezeigt hat, daß sie aus einer derartigen Planung hervorgehen. *A priori* betrachtet, kann die Materie ebensogut
wie der Geist das Entstehungsprinzip von Ordnung
schon immer in sich enthalten. Und es bereitet keine
größere Schwierigkeit sich vorzustellen, daß die verschiedenen Elemente der Materie aus einer inneren, uns
unbekannten Ursache heraus sich zu einer ganz einzigar-
tigen Ordnung zusammenfügen, als daß ihre Urbilder in
dem großen allumfassenden Geist aus einer entsprechen-

den inneren, uns bekannten Ursache heraus diese Ordnung annehmen. Beide Hypothesen sind gleichermaßen möglich. Erst die Erfahrung lehrt uns – so jedenfalls behauptet Cleanthes –, daß zwischen ihnen ein Unterschied besteht: Wirf einige Stücke Stahl zusammen, die ohne Gestalt und Form sind; sie werden sich niemals so zusammenfügen, daß sich eine Uhr bildet. Steine, Mörtel und Holz ergeben ohne Baumeister niemals ein Haus. Doch die Vorstellungen im Geist des Menschen fügen sich, wie wir wissen, infolge einer uns unbekannten und unerklärlichen Gesetzmäßigkeit so zusammen, daß sich der Plan einer Uhr oder eines Hauses daraus ergibt. Die Erfahrung ist es also, die beweist, daß es ein Entstehungsprinzip von Ordnung im Geist, nicht aber in der Materie gibt. Aus ähnlichen Wirkungen schließen wir auf ähnliche Ursachen. Die Anpassung von Mitteln und Zwecken ist im Universum die gleiche wie in einer von einem Menschen hergestellten Maschine. Deshalb müssen auch die Usachen einander gleichen.

Ich habe von Anfang an, so muß ich gestehen, an der Ähnlichkeit, die hier zwischen der Gottheit und menschlichen Geschöpfen behauptet wird, Anstoß genommen. Es liegt für mich eine Herabwürdigung des höchsten Wesens darin, wie sie für einen vernünftigen Theisten unerträglich ist. Mit deiner Unterstützung, Demea, werde ich daher das zu verteidigen versuchen, was du mit Recht als das anbetungswürdige Geheimnis der göttlichen Natur bezeichnet hast. Die Argumentation des Cleanthes aber werde ich widerlegen, vorausgesetzt, daß er die Art und Weise, wie ich sie soeben wiedergegeben habe, als zutreffend anerkennt.

Als Cleanthes das getan hatte, fuhr Philo nach einer kurzen Pause wie folgt fort.

Daß alle Folgerungen, die Tatsachen betreffen, sich auf Erfahrung gründen und daß alle Erfahrungsschlüsse auf der Voraussetzung beruhen, daß ähnliche Ursachen auf ähnliche Wirkungen und ähnliche Wirkungen auf ähnliche Ursachen schließen lassen, darüber will ich mit dir, Cleanthes, jetzt nicht lange streiten. Achte aber bitte darauf, mit welch äußerster Vorsicht ein guter Wissenschaftler bei der Übertragung seines Erfahrungswissens auf ähnliche Fälle vorgeht. Wenn die Fälle einander nicht vollkommen gleichen, setzt er in die Übertragung seiner früheren Beobachtungen auf irgendeine konkrete Erscheinung kein volles Vertrauen. Jede Veränderung der Umstände führt zu Zweifeln über das betreffende Ereignis, und neue Erfahrungen sind erforderlich, um sicherzustellen, daß die neuen Umstände ohne Einfluß und Bedeutung sind. Eine Änderung der Masse, Lage oder Anordnung, des Alters, des Luftzustandes oder der benachbarten Körper: jede dieser Einzelheiten kann von den unerwartetsten Folgen begleitet sein. Und wenn die Gegenstände uns nicht völlig vertraut sind, ist es überaus leichtfertig, nach einer dieser Änderungen mit Sicherheit ein ähnliches Ereignis zu erwarten wie dasjenige, das wir zuvor beobachtet haben. Die langsamen und überlegten Schritte des Philosophen unterscheiden sich, wenn irgendwo, dann hier von dem überstürzten Vorgehen der breiten Masse, die durch die geringste Ähnlichkeit fortgerissen wird und jede Fähigkeit, zu differenzieren und abzuwägen, vermissen läßt.

Kannst du aber meinen, Cleanthes, daß du deine gewöhnliche philosophische Abgeklärtheit bewahrt hast, als du den gewaltigen Schritt tatest, Häuser, Schiffe, Gerätschaften und Maschinen mit dem Universum zu vergleichen, um von der in einigen Punkten bestehenden Ähnlichkeit auf eine Ähnlichkeit der Ursachen zu schließen? Überlegung, Planung, Verstand, wie wir sie im Menschen und in anderen Lebewesen entdecken, ist nicht mehr als *eines* der Verursachungsprinzipien im Universum – neben Hitze und Kälte, Anziehung und Abstoßung sowie hundert anderen Arten von Ursachen, die wir täglich beobachten können. Einige spezielle Teile der Natur rufen zwar in gewissen Bereichen, wie wir sehen, in Form einer handelnden Ursache Veränderungen hervor. Ist es aber legitim, eine Folgerung von Teilen auf das Ganze zu übertragen? Schließt nicht das starke Mißverhältnis zwischen beiden jeden Vergleich und jede Folgerung aus? Können wir aus der Beobachtung, wie ein Haar wächst, etwas über die Entstehung eines Menschen lernen? Würde die Art, wie ein Blatt entsteht, selbst wenn wir vollkommene Kenntnis davon hätten, uns über das Wachstum eines Baumes Aufklärung verschaffen?

Doch selbst wenn wir die *Einwirkung* eines Teiles der Natur auf einen anderen Teil zur Grundlage unseres Urteils über die *Entstehung* des Ganzen machen dürften (was eigentlich nicht zugestanden werden kann), so bleibt immer noch die Frage offen, warum wir uns gerade für ein so unbedeutendes, schwaches und begrenztes Prinzip entscheiden sollen, als welches sich Vernunft und Planung auf unserem Planeten darstellen. Welches besondere Vorrecht besitzt diese kleine Bewegung im Gehirn, die wir *Denken* nennen, daß wir sie in dieser Weise zum Modell des gesamten Universums machen müßten? Parteilichkeit zu unseren Gunsten läßt uns freilich dieses Prinzip in allem und jedem sehen. Doch ein guter Philosoph sollte sich vor einer so naheliegenden Selbsttäuschung sorgfältig hüten.

Ich kann nicht nur keinesfalls zugestehen, fuhr Philo fort, daß die Wirkungsweise eines Teiles uns einen zutreffenden Schluß auf die Entstehung des Ganzen gestattet. Ich kann auch nicht gelten lassen, daß *ein* Teil als Maßstab für einen anderen Teil genommen wird, sofern dieser von jenem sehr weit entfernt liegt. Gibt es irgendeinen vernünftigen Grund für den Schluß, daß die Bewohner anderer Planeten über Denken, Verstand, Vernunft oder eine ähnliche menschliche Fähigkeit verfügen? Wenn die Natur ihre Wirkungsweisen schon auf diesem kleinen Erdball so außerordentlich vielfältig gestaltet hat, können wir uns dann vorstellen, daß sie sich durch das ganze unermeßliche Weltall ständig wiederholt? Und wenn das Denken, wie wir wohl annehmen dürfen, bloß auf diesen engen Winkel beschränkt ist und wenn es selbst hier einen derartig begrenzten Wirkungsbereich hat, mit welchem Recht können wir es dann zur ersten Ursache aller Dinge erklären? Die Borniertheit eines Bauern, der seine eigene Haushaltung zum Maßstab für die Verwaltung von Königreichen macht, ist im Vergleich dazu ein verzeihlicher Irrtum.

Nehmen wir aber einmal an, daß Denken und Vernunft, ähnlich wie beim Menschen, sich überall im Universum fänden und daß ihre Wirksamkeit anderswo ungleich größer und beherrschender als auf diesem Erdball wäre: Ich kann dennoch nicht einsehen, mit welchem Recht die Wirkungsweisen einer Welt, die fertig gestaltet und geordnet ist, auf eine Welt übertragbar sind, die sich im Entstehungszustand befindet und zu jener Gestaltung und Ordnung erst unterwegs ist. Durch Beobachtung haben wir gewisse Kenntnisse von der Physiologie, dem Verhalten und der Ernährung eines ausgewachsenen Tieres. Doch nur mit großer Vorsicht dürfen wir diese Kenntnisse auf das Wachstum des Fötus im Weibchen oder gar auf die Bildung der Samenzellen im Männchen übertragen. Die Natur, so zeigt uns selbst unsere begrenzte Erfahrung, besitzt eine unendliche Menge von Entstehungsprinzipien, die in ihren verschiedenen Konstellationen unentwegt offenbar werden. Und welche neuartigen und unbekannten Prinzipien die Natur in einer so neuartigen und unbekannten Situation bewegen, wie sie die Entstehung eines Universums darstellt, das können wir ohne die größte Leichtfertigkeit nicht zu bestimmen wagen.

Es ist ein sehr kleiner Teil dieses gewaltigen Systems, der

sich uns auf sehr unvollkommene Weise und während eines sehr kurzen Zeitraums erschließt. Wollen wir auf dieser Grundlage über den Ursprung des Ganzen entscheiden?

Eine bewundernswerte Folgerung: Stein, Holz, Ziegel, Eisen und Messing zeigen gegenwärtig auf diesem kleinen Erdball nicht Ordnung oder System ohne menschliche Erfindung und Gestaltung. Deshalb konnte das Universum seine Ordnung und sein System ursprünglich nicht ohne etwas gewinnen, das menschlicher Erfindung ähnlich ist! Aber ist ein Teil der Natur Maßstab für einen anderen Teil, der ihm sehr fern liegt? Ist er Maßstab für das Ganze? Ist ein sehr kleiner Teil Maßstab für das Universum? Ist die Natur in *einer* Situation ein sicherer Maßstab für die Natur in einer anderen, von der ersten ganz und gar verschiedenen Situation?

Kannst du mir verübeln, Cleanthes, wenn ich in diesem Punkt die weise Zurückhaltung des Simonides befolge, der, wie es die bekannte Erzählung berichtet, auf die Frage Hieros »Was ist Gott?« erst einen Tag zum Überlegen verlangte, dann zwei weitere Tage und dann in entsprechender Weise den Termin immer weiter hinausschob, ohne jemals seine Definition oder Beschreibung vorzulegen? Ja, könntest du mir verübeln, wenn ich gleich geantwortet hätte »Ich weiß es nicht« und erklärt hätte, daß dieser Gegenstand weit außerhalb des Bereichs meiner Fähigkeiten liegt? Du darfst mich einen Skeptiker oder einen Spötter schimpfen, so viel du willst: Ich habe in zu vielen anderen, uns weit vertrauteren Dingen die Unvollkommenheiten, ja Widersprüche der menschlichen Vernunft kennengelernt, als daß ich mir von ihren schwachen Hypothesen über einen so erhabenen und vom Kreis unserer Beobachtung so weit entfernten Gegenstand jemals irgendwelchen Erfolg versprechen könnte. Wenn zwei *Arten* von Dingen stets zusammen beobachtet worden sind, dann kann ich, aufgrund von

Gewohnheit, die Existenz des einen *folgern*, wo ich die des anderen *wahrnehme*. Ich nenne das einen Beweis aus der Erfahrung. Wie aber dieser Beweis Platz greifen kann, wenn die Dinge – wie im vorliegenden Fall – in ihrer Art einzig und ohne Parallele oder spezifische Ähnlichkeit sind, dürfte schwer zu begründen sein. Will mir jemand allen Ernstes sagen, ein geordnetes Universum müsse aus etwas entstehen, das menschlichem Denken und menschlicher Erfindung ähnlich ist, da wir von solchen Entstehungsvorgängen Erfahrung besitzen? Um uns dieses Argumentes zu versichern, müßte unsere Erfahrung die Entstehung von Welten umfassen; daß wir Schiffe und Häuser aus menschlicher Erfindung und Gestaltung haben hervorgehen sehen, reicht mit Sicherheit nicht aus.

Philo redete weiter in dieser engagierten Weise – halb im Scherz und halb im Ernst, wie mir schien. Erst als er bei Cleanthes einige Zeichen von Ungeduld wahrnahm, brach er ab. Was ich vorzubringen hätte, sagte Cleanthes, ist nur, daß du keine Begriffe mißbrauchen oder dich volkstümlicher Ausdrücke bedienen solltest, um philosophische Argumentationen zu widerlegen. Du weißt, daß das ungebildete Volk oft selbst dort von Vernunft anstelle von Erfahrung spricht, wo es lediglich um eine Tatsache oder um die Existenz von etwas geht und wo es sich bei genauerer Analyse herausstellt, daß diese »Vernunft« nichts anderes als eine besondere Form der Erfahrung ist. Aufgrund von Erfahrung den Ursprung der Welt aus dem Geist nachzuweisen, ist mit der allgemeinen Redeweise nicht weniger vereinbar, als aufgrund von Erfahrung die Bewegung der Erde nachzuweisen. Und ein Kritikaster könnte genau dieselben Einwände gegen das kopernikanische System erheben, die du gegen meine Schlußfolgerungen vorgebracht hast. Gibt es andere Erden, so könnte er sagen, deren Bewegung du gesehen hast? Hast. . .

Jawohl, rief Philo ihn unterbrechend, es gibt andere
Erden. Ist nicht der Mond eine andere Erde, die wir um
ihren Mittelpunkt sich drehen sehen? Ist nicht Venus
eine andere Erde, an der wir dasselbe Phänomen beobachten? Bieten nicht die Drehungen der Sonne, aufgrund
eines Analogieschlusses, eine Bestätigung jener Theorie?
Sind nicht sämtliche Planeten Erden, die um die Sonne
kreisen? Sind nicht die Trabanten Monde, die sich um
Jupiter und Saturn sowie zusammen mit diesen Planeten
erster Ordnung um die Sonne bewegen? Diese Analogien
und Ähnlichkeiten – neben anderen, die ich nicht
genannt habe – sind die einzigen Beweise des kopernikanischen Systems: Es ist an dir zu überlegen, ob du zur
Begründung deiner Theorie Analogien von derselben Art
parat hast.

In Wahrheit, Cleanthes, so fuhr er fort, wird das
moderne System der Astronomie heute von allen Wis-
senschaftlern so sehr akzeptiert und ist zu einem so
wesentlichen Teil selbst unserer frühesten Erziehung
geworden, daß wir es mit der Überprüfung seiner
Grundlagen gewöhnlich nicht sehr genau nehmen. Es ist
inzwischen eine Sache von nur historischem Interesse,
die ersten Autoren auf diesem Gebiet zu studieren, welche die ganze Macht des Vorurteils gegen sich hatten und
genötigt waren, ihre Argumente nach allen Seiten zu
wenden, um ihnen Popularität und Überzeugungskraft
zu verleihen. Wenn wir dagegen Galileis berühmten
Dialog über die Weltsysteme genau lesen, so werden wir
finden, daß dieser große Geist – einer der hervorragend-
sten Geister aller Zeiten – zunächst all seine Bemühungen
darauf richtete zu beweisen, daß jene Unterscheidung,
die man gewöhnlich zwischen elementaren und kosmischen Substanzen vornahm, unbegründet sei. Die schola-
stischen Denker, die von dem sinnlichen Schein ausgin-
gen, hatten diese Unterscheidung sehr weit getrieben und
behauptet, die kosmischen Substanzen könnten nicht

entstehen, untergehen, sich ändern oder etwas erleiden, während auf die elementaren Substanzen das Gegenteil zuträfe. Galilei jedoch bewies, indem er mit dem Mond anfing, daß dieser der Erde in jeder Hinsicht ähnlich war: in seiner nach außen gewölbten Form, seiner im nicht angestrahlten Zustand natürlichen Dunkelheit, seiner Dichte, seiner Aufteilung in feste und flüssige Regionen, dem Wechsel seiner Phasen, der gegenseitigen Erhellung von Erde und Mond, den gegenseitigen Verfinsterungen, den Unebenheiten der Mondoberfläche usw. Nach vielen Nachweisen dieser Art in bezug auf all die anderen Planeten wurde deutlich, daß diese Körper nunmehr zu geeigneten Gegenständen der Erfahrung wurden und daß die Ähnlichkeit ihrer Natur uns in die Lage versetzte, dieselben Folgerungen und Phänomene von einem Planeten auf den anderen zu übertragen.

An diesem behutsamen Verfahren der Astronomen kannst du deine eigene Verurteilung ablesen, Cleanthes, oder vielmehr: Du kannst sehen, daß der Gegenstand, der dich beschäftigt, alle menschliche Vernunft und Forschung übersteigt. Kannst du etwa eine gleichartige Ähnlichkeit zwischen der Herstellung eines Hauses und der Entstehung eines Universums zu zeigen beanspruchen? Hast du je die Natur in einem Zustand gesehen, welcher der ersten Anordnung der Elemente gliche? Sind je unter deinen Augen Welten gebildet worden? Und war es dir vergönnt, die gesamte Entwicklung des Phänomens – von dem ersten Erscheinen von Ordnung bis zur endgültigen Vollendung – zu beobachten? Wenn ja, so laß deine Daten sehen und trag deine Theorie vor.

Teil 3

Wie doch das absurdeste Argument, erwiderte Cleanthes, wenn es mit Geschick und Einfallsreichtum vorgetragen wird, einen Anschein von Wahrscheinlichkeit gewinnt! Ist dir nicht klar, Philo, daß es für Kopernikus und seine ersten Schüler deshalb notwendig wurde, die Ähnlichkeit von irdischer und kosmischer Materie zu beweisen, weil manche Philosophen, durch alte Systeme verblendet und unter dem Eindruck einiger Wahrnehmungserscheinungen, diese Ähnlichkeit geleugnet hatten? Daß es dagegen keineswegs für den Theisten notwendig ist, die Ähnlichkeit zwischen den Werken der Natur und den Werken menschlicher Erfindung zu beweisen, weil diese Ähnlichkeit offenkundig und unbestreitbar ist? Der gleiche Stoff, eine ähnliche Form: Was ist sonst noch erforderlich, um eine Analogie zwischen den beiderseitigen Ursachen zu belegen und festzustellen, daß alle Dinge aus göttlicher Absicht und Zielsetzung entstanden sind? Deine Einwände, das muß ich dir offen sagen, sind um nichts besser als die abstrusen Spitzfindigkeiten jener Philosophen, die die Bewegung leugneten; man sollte sie daher in der gleichen Weise widerlegen, nämlich durch Illustrationen, Beispiele und Anwendungsfälle, nicht aber durch ernsthafte philosophische Argumente.

Nimm deshalb einmal an, aus den Wolken wird eine deutlich artikulierte Stimme gehört, viel lauter und wohlklingender als eine menschliche Stimme je klingen kann. Nimm weiter an, daß diese Stimme sich im selben Augenblick über alle Länder ausbreitet und zu jedem Volk in seiner eigenen Sprache und Mundart redet; daß ihre Worte nicht nur einen vernünftigen Sinn geben, sondern eine Lehre übermitteln, die eines gütigen, dem Menschen überlegenen Wesens ganz und gar würdig ist.

Wäre es denkbar, daß du über die Ursache dieser Stimme
auch nur einen Augenblick zweifeln könntest? Und
müßtest du ihr nicht sogleich eine Absicht oder einen
Zweck unterstellen? Dennoch könnte man, soweit ich
sehe, genau dieselben Einwände (sofern sie diesen
Namen verdienen), die gegen das theistische System
vorliegen, auch gegen diese Schlußfolgerung vorbringen.

Denn könntest du nicht sagen, daß alle Schlüsse, die
Tatsachen betreffen, auf Erfahrung gegründet sind; daß,
wenn wir im Dunkeln eine deutlich artikulierte Stimme
hören und daraus auf einen Menschen schließen, es
lediglich die Ähnlichkeit der Wirkungen ist, die uns auf
eine entsprechende Ähnlichkeit in der Ursache schließen
läßt; daß diese außergewöhnliche Stimme jedoch in ihrer
Lautstärke, Reichweite und Anpassung an sämtliche
Sprachen so wenig Analogie zu irgendeiner menschlichen
Stimme aufweist, daß wir keinen Grund haben, eine
Analogie in den Ursachen der beiden Phänomene anzunehmen; und daß folglich hier eine vernünftige, kluge
und zusammenhängende Rede, man weiß nicht wovon,
vielleicht von einem zufälligen Pfeifen des Windes, nicht
aber von einer göttlichen Vernunft oder Intelligenz aus-
ging? In diesen Spitzfindigkeiten siehst du deutlich deine
eigenen Einwände; und hoffentlich siehst du ebenso
deutlich, daß sie in dem einen Fall unmöglich mehr
Gewicht haben können als in dem andern.

Um jedoch unser Beispiel dem Fall des Universums noch
weiter anzugleichen, will ich zwei Annahmen machen,
die in keiner Weise absurd oder unmöglich sind. Angenommen, es gibt eine natürliche, überall und in derselben
Form verbreitete Sprache, die allen Menschen gemeinsam ist; und Bücher sind Produkte der Natur, die in
derselben Weise wie Tiere und Pflanzen, nämlich durch
Abstammung und Fortpflanzung, ihre Art erhalten.
Manche Ausdrucksformen unserer Emotionen *sind* eine

allgemein verbreitete Sprache: Alle tierischen Lebewesen besitzen eine natürliche Weise des Ausdrucks, die, wie beschränkt sie auch sein mag, der betreffenden Tierart durchaus verständlich ist. Und da in den höchsten Formen der Sprachkunst um ein Unendliches weniger Einzelelemente und weniger Erfindungsreichtum anzutreffen sind als in dem gröbsten organischen Körper, beruht die Fortpflanzung einer *Ilias* oder einer *Äneis* auf einer naheliegenderen Annahme als die Fortpflanzung einer Pflanze oder eines Tieres.

Nimm also an, du betrittst deine Bibliothek, die in dieser Weise von natürlichen Bänden bevölkert ist, von Bänden, die voll der hochstehendsten Vernunft und der ausgesuchtesten Schönheit sind: Könntest du auch nur einen dieser Bände aufschlagen und daran zweifeln, daß seine ursprüngliche Ursache die stärkste Analogie zu Geist und Intelligenz aufweist? Wenn er Schlüsse und Erörterungen durchführt; wenn er Einwände erhebt, argumentiert und seine Auffassungen und Gesichtspunkte geltend macht; wenn er sich bald an das reine Denken, bald an das Gefühl wendet; wenn er jede einschlägige Überlegung sammelt, einordnet und stilistisch ausschmückt: könntest du dann immer noch behaupten, daß all dies im Grunde genommen keinen wirklichen Sinn habe und daß die erste Formung dieses Bandes in seinem ursprünglichen Erzeuger *nicht* aus Denken und Planung hervorgegangen sei? Deine Hartnäckigkeit, ich weiß es, wird so weit nicht gehen. Und selbst dein skeptisch-spielerischer Mutwille würde sich einer so offenkundigen Absurdität schämen.

Wenn aber zwischen diesem hypothetischen Fall und dem realen Fall des Universums ein Unterschied bestehen sollte, Philo, so wirkt er sich ganz und gar zugunsten des letztgenannten aus. Die Anatomie eines Lebewesens bietet zahlreiche stärkere Beweise für eine Planung als die Lektüre des Livius oder Tacitus; und jeder Einwand, den

du in jenem Fall vorbringst, indem du auf ein so unge-
wöhnliches und außerordentliches Schauspiel wie die
ursprüngliche Formung von Welten verweist, derselbe
Einwand trifft auf den Fall unserer pflanzenartigen
Bibliothek zu. Entscheide dich also, Philo, ohne zu
schwanken und auszuweichen; behaupte entweder, daß
ein Buch mit vernünftigem Inhalt kein Beweis einer
vernünftigen Ursache ist, oder gesteh sämtlichen Werken
der Natur eine ähnliche Ursache zu.

Ich möchte hier außerdem noch bemerken, fuhr Cleanthes fort, daß dieses Argument für die Religion durch
den von dir so geschätzten Skeptizismus mitnichten
geschwächt wird, sondern an Überzeugungskraft
gewinnt und noch stärker und unbestreitbarer wird. Alle
Argumentation oder rationale Begründung jedweder
Form zu verwerfen ist entweder Heuchelei oder Wahnsinn. Das erklärte Anliegen eines jeden vernünftigen
Skeptikers ist es lediglich, abstruse, abseitige und spitzfindige Argumente abzulehnen, dem gesunden Menschenverstand und den eindeutigen Antrieben der Natur
jedoch zu folgen und überall dort seine Zustimmung zu
geben, wo ein Argument ihn mit solcher Stärke trifft,
daß er ohne die äußerste Anstrengung gar nicht anders
als zustimmen kann. Nun gehören die Argumente für die
natürliche Religion offensichtlich in diese Kategorie; nur
aufgrund einer Metaphysik der verkehrtesten, eigensin-
nigsten Art lassen sie sich zurückweisen. Schau dir das
Auge an und zerleg es in seine einzelnen Teile; prüfe
seine Struktur und seine Anlage. Und dann sag mir aus
deinem eigenen Gefühl heraus, ob sich dir nicht unmittelbar, mit der Gewalt einer sinnlichen Wahrnehmung
die Vorstellung von einem Erfinder aufdrängt. Die offen-
kundigste Schlußfolgerung, die man ziehen kann, ist mit
Sicherheit die einer absichtsvollen Erfindung. Es erfordert Zeit, Überlegung und Anstrengung, jene belanglo-
sen, wenngleich schwer durchschaubaren Einwände auf-

zubieten, die für den Unglauben sprechen. Wer kann
sich Männchen und Weibchen irgendeiner Gattung mit
der wechselseitigen Angepaßtheit ihrer Organe und
Instinkte, mit ihren Trieben und ihrem gesamten Verhalten vor und nach der Zeugung vor Augen führen, ohne
zu merken, daß die Fortpflanzung der betreffenden Gattung von der Natur beabsichtigt ist? Millionen und aber
Millionen solcher Fälle bieten sich allenthalben im Universum dar; und keine Sprache kann eine deutlichere und
unwiderstehlichere Botschaft vermitteln als die erstaunliche Anordnung der Zweckursachen. Welches Maß an
blindem Dogmatismus muß man in seinem Denken also
erreicht haben, um derartig natürliche und überzeugende
Argumente abzulehnen?

In der Literatur gibt es Schönheiten, die den Regeln nicht
zu entsprechen scheinen; wenn sie unser Interesse finden
und unsere Phantasie anregen, so geschieht das entgegen
allen Normen der Ästhetik und entgegen der Autorität
der Experten. Und wenn das Argument für den Theismus, wie du behauptest, den Prinzipien der Logik widersprechen sollte, so beweist sein überall wirksamer und
unwiderstehlicher Einfluß eben eindeutig, daß es auch
Argumente von einer regelwidrigen Natur geben kann.
Was immer man an spitzfindigen Einwänden vorbringen
mag, eine geordnete Welt wird trotz allem – genauso wie
eine zusammenhängende, klar verständliche Rede – als
ein unwiderlegbarer Beweis für eine planvolle Absicht
anerkannt werden.

Es kann vorkommen, das gebe ich zu, daß die Argumente für die Religion auf einen unwissenden Wilden
und Barbaren nicht den gebührenden Einfluß ausüben –
und zwar nicht deshalb, weil sie obskur oder schwer
verständlich wären, sondern weil jener sich nie eine der
einschlägigen Fragen stellt. Was ist der Ursprung für den
erstaunlichen Organismus eines Tieres? Die Vereinigung
seiner Erzeuger. Und woher kommen diese? Von *ihren*

Erzeugern. Einige wenige Schritte dieser Art schaffen zu den Gegenständen eine solche Distanz, daß diese sich für ihn in Dunkelheit und Wirrwarr verlieren. Und keine Neugier treibt ihn, sie noch weiter zu verfolgen. Doch das ist weder Dogmatismus noch Skeptizismus; es ist Stumpfsinn, eine Geisteshaltung, die von deiner eigenen Einstellung sorgsamster Prüfung und Untersuchung weit entfernt ist, mein kluger Freund. Du kannst doch Ursachen aus Wirkungen erschließen; du kannst die entferntesten, abgelegensten Gegenstände zueinander in Vergleich setzen. Und deine größten Irrtümer entspringen nicht etwa einer Unfruchtbarkeit des Denkens oder Erfindens, sondern einer übergroßen Fruchtbarkeit, die dein gesundes Denkvermögen durch eine Fülle unnötiger Skrupel und Einwände erstickt.

Hier konnte ich bemerken, Hermippus, daß Philo ein wenig verlegen und verwirrt war. Doch während er mit seiner Antwort zögerte, schaltete sich zu seinem Glück Demea in das Gespräch ein und half ihm so über seine Verlegenheit hinweg.

Dein Beispiel, Cleanthes, sagte Demea, ist aus dem vertrauten Bereich von Sprache und Literatur entnommen und gewinnt dadurch, wie ich gestehen muß, noch an Plausibilität. Aber liegt nicht eben darin auch eine gewisse Gefahr? Könnten wir auf diese Weise nicht anmaßend werden und uns einbilden, wir begriffen die Gottheit und hätten eine angemessene Vorstellung von ihrem Wesen und ihren Eigenschaften? Wenn ich ein Buch lese, so dringe ich ein in den Geist und die Intentionen des Verfassers: Ich werde vorübergehend sozusagen identisch mit ihm und habe ein unmittelbares, gefühlsmäßiges Verständnis von jenen Ideen, die ihn bei der Abfassung seines Werkes bewegten. Aber so weit können wir uns der Gottheit sicher nie annähern. Ihre Wege sind nicht unsere Wege. Ihre Eigenschaften sind vollkommen, aber unbegreiflich. Und jenes Buch der Natur enthält ein großes und unauflösbares Rätsel, wie es zu einer verständlichen Rede oder Argumentation in keinem Vergleich steht.

Die alten Platoniker wären, wie du weißt, die religiösesten und frömmsten unter allen heidnischen Philosophen. Und doch erklären viele von ihnen, insbesondere Plotin, ausdrücklich, daß man der Gottheit keinen Intellekt oder Verstand zuschreiben darf und daß die vollkommenste Form unserer Verehrung ihr gegenüber nicht in Akten der Anbetung, Ehrerweisung, Dankbarkeit oder Liebe besteht, sondern in einer gewissen mystischen Selbstaufhebung bzw. völligen Auslöschung all unserer Fähigkeiten. Diese Vorstellungen sind vielleicht überzogen; doch jedenfalls muß man zugeben, daß wir, indem wir die Gottheit als in jener Weise verständlich und begreifbar sowie dem menschlichen Geist derart ähnlich darstellen, der gröbsten und engstirnigsten Parteilichkeit schuldig werden und uns selbst zum Urbild des gesamten Universums machen.

Alle Empfindungen der menschlichen Psyche – wie Dankbarkeit, Entrüstung, Liebe, Freundschaft, Billigung, Tadel, Mitleid, Wetteifer, Neid – stehen in offenkundiger Beziehung zu Zustand und Lage des Menschen und sind darauf berechnet, einem derartigen Wesen unter derartigen Umständen die Existenz zu sichern und es zur Tätigkeit anzuspornen. Es erscheint daher als unvernünftig, solche Empfindungen auf ein höchstes Wesen zu übertragen oder davon auszugehen, daß dieses Wesen von ihnen bewegt wird. Außerdem sind die Gegebenheiten im Universum nicht geeignet, eine derartige Theorie zu stützen. Alle unsere Vorstellungen, die sich von den Sinnen herleiten, sind auf eine verworrene Weise falsch und trügerisch; sie können deshalb in einem höchsten Geist nicht vorausgesetzt werden. Und da die Vorstellungen der inneren Empfindung zusammen mit denen der äußeren Sinne das gesamte Material des menschlichen

Denkens ausmachen, so dürfen wir schließen, daß menschlicher und göttlicher Geist jedenfalls in ihrem *Gegenstand* keinerlei Ähnlichkeit aufweisen. Was aber die *Form* des Denkens angeht, wie können wir da einen Vergleich anstellen oder irgendeine Ähnlichkeit annehmen? Unser Denken ist schwankend, unsicher, flüchtig, schrittweise und aus Elementen zusammengesetzt. Wollten wir ihm diese Eigenschaften nehmen, so würden wir sein Wesen völlig vernichten; es wäre ein Mißbrauch der Sprache, in diesem Fall weiter von »Denken« oder »Vernunft« zu reden. Wenn es jedoch als frömmer und ehrerbietiger erscheint (was es tatsächlich auch ist), trotz allem an diesen Ausdrücken, wenn wir von dem höchsten Wesen sprechen, festzuhalten, so sollten wir zumindest zugeben, daß ihr Sinn insoweit völlig unbegreiflich ist und daß die Schwäche unserer Natur es uns nicht gestattet, zu irgendwelchen Vorstellungen zu gelangen, die der unaussprechlichen Erhabenheit der göttlichen Eigenschaften im mindesten entsprechen.

Teil 4

Es erscheint mir als seltsam, sagte Cleanthes, daß du, Demea, dem die Sache der Religion so sehr am Herzen liegt, trotzdem die geheimnisvolle, unbegreifliche Natur der Gottheit vertrittst und so nachdrücklich darauf bestehst, daß diese keinerlei Gleichheit oder Ähnlichkeit mit menschlichen Geschöpfen aufweist. Die Gottheit besitzt, das gebe ich gern zu, viele Fähigkeiten und Eigenschaften, von denen wir uns keinen Begriff machen können. Wenn aber unsere Vorstellungen, soweit sie gehen, nicht zutreffend und angemessen sein und dem wirklichen Wesen Gottes entsprechen sollten, dann weiß ich nicht, warum man in dieser Angelegenheit überhaupt für irgend etwas Partei ergreifen sollte. Ist der Name, auch ohne jeden Bedeutungsgehalt, von so enormer Wichtigkeit? Oder wie unterscheidet ihr Mystiker, die ihr die absolute Unbegreiflichkeit der Gottheit behauptet, euch von Skeptikern oder Atheisten, die erklären, daß die erste Ursache aller Dinge unbekannt und unerkennbar sei? Diese müßten schon sehr verwegen sein, wenn sie zunächst die Schöpfung durch einen Geist – und zwar durch einen Geist, der dem menschlichen Geist ähnlich ist, denn einen anderen kenne ich nicht – ablehnen und sich dann erlauben würden, eine andere spezifische und erkennbare Ursache mit Gewißheit anzugeben. Und andererseits müßten sie schon ein äußerst skrupulöses Gewissen haben, wenn sie es ablehnen würden, die unbekannte Ursache von allem als Gott oder Gottheit zu bezeichnen und ihr so viele erhabene Lobsprüche und nichtssagende Attribute zuzuerkennen, wie ihr Mystiker von ihnen zu verlangen beliebt.

Wer hätte gedacht, erwiderte Demea, daß Cleanthes, der abgeklärte Philosoph Cleanthes, seine Widersacher durch Hohn und Spott zu widerlegen und, wie die

gängigen Eiferer und Inquisitoren unserer Zeit, sein Heil
nicht in Argumenten, sondern in Schmähungen und
pathetischen Reden suchen würde? Oder sieht er nicht,
daß sich sein Vorgehen leicht umkehren läßt und daß
»Anthropomorphist« eine ebenso gehässige Bezeichnung
und von ebensolchen Gefahren begleitet ist wie das
Attribut »Mystiker«, mit dem er uns beehrt hat? Für-
wahr, Cleanthes, bedenke, was du sagst, wenn du die
Gottheit in Ähnlichkeit mit menschlichem Geist und
Verstand darstellst. Was ist die menschliche Seele? Eine
Zusammensetzung aus vielfältigen Fähigkeiten, Emotionen, Empfindungen und Vorstellungen, die zwar zu
einem Selbst oder einer Person verbunden, aber doch
voneinander unterschieden sind. Wenn sie eine Denk-
operation durchführt, so fügen sich die Vorstellungen,
aus denen der Gedankengang besteht, in eine bestimmte
Form oder Ordnung; diese bleibt sich dabei keinen
Augenblick gleich, sondern nimmt immer wieder eine
neue Gestalt an. Neue Auffassungen, neue Emotionen,
neue Neigungen, neue Gefühle entstehen, welche die
geistige Szenerie am laufenden Band verändern und hier
die größte Vielfalt und die rascheste Aufeinanderfolge
hervorbringen, die man sich denken kann. Wie ist das
aber mit jener vollkommenen Unveränderlichkeit und
Einfachheit vereinbar, die alle wahren Theisten der Gottheit zuschreiben? Durch ein und denselben Akt, so sagen
sie, sieht Gott Vergangenheit, Gegenwart und Zukunft.
Seine Liebe und sein Haß, seine Barmherzigkeit und
seine Gerechtigkeit sind ein einziger Vorgang. Er ist an
jedem Punkt des Raumes und zu jedem Punkt der Zeit
ungeteilt gegenwärtig. Keine Aufeinanderfolge, kein
Wechsel, keine Zunahme, keine Minderung. Was er ist,
schließt nicht die Spur einer Trennung oder Vielfalt ein.
Und was er in diesem Augenblick ist, das ist er immer
gewesen und wird er immer sein, ohne in irgendeiner
neuen Weise zu urteilen, zu empfinden oder zu handeln.

Er verharrt in einem einzigen Zustand, einem Zustand der Einfachheit und Vollkommenheit. Auch kann man richtigerweise von ihm nicht sagen, daß sich die eine Handlung von der anderen unterscheidet oder daß sich dieses Urteil oder diese Vorstellung erst kürzlich gebildet hat und im Wege der Abfolge einem anderen Urteil bzw. einer anderen Vorstellung Platz machen wird.

Es bereitet mir keine Schwierigkeiten, zuzugeben, sagte Cleanthes, daß diejenigen, welche – in dem von dir bezeichneten Umfang – die vollkommene Einfachheit des höchsten Wesens behaupten, uneingeschränkte Mystiker sind und sich all die Konsequenzen vorhalten lassen müssen, die ich aus ihrer Auffassung abgeleitet habe. Sie sind, kurz gesagt, Atheisten, ohne es zu wissen. Denn selbst wenn man einräumt, daß die Gottheit Eigenschaften besitzt, von denen wir keinen Begriff haben, so sollten wir ihr doch niemals Eigenschaften zuschreiben, die völlig unvereinbar sind mit jenem Denken, das ihr Wesen ausmacht. Ein Geist, dessen Denkakte, Empfindungen und Vorstellungen sich nicht voneinander trennen lassen und nicht in einer zeitlichen Abfolge zueinander stehen; ein Geist, der ganz und gar einfach und unveränderlich ist: das ist ein Geist, der keinen Gedanken, keine Vernunft, keinen Willen, keine Empfindung, keine Liebe, keinen Haß besitzt. Mit einem Wort, er ist überhaupt kein Geist. Es ist ein Mißbrauch der Sprache, ihn so zu bezeichnen; ebensogut könnte man von einer begrenzten Ausdehnung ohne Umrisse sprechen oder von Mengen, die nicht zusammengesetzt sind.

Mach dir bitte klar, sagte Philo, gegen wen diese deine Angriffe gerichtet sind. Du beehrst hier mit der Bezeichnung »Atheist« nahezu alle ordentlichen, rechtgläubigen Geistlichen, die dieses Thema behandelt haben. Nach deiner Theorie wirst du selbst letzten Endes den einzigen wahren Theisten in der Welt abgeben. Wenn jedoch nicht nur die Götzendiener – und sie, wie ich meine, mit

Recht – als Atheisten bezeichnet werden, sondern ebenfalls die christlichen Theologen, was wird dann aus dem
so vielgepriesenen Gottesbeweis des Konsenses aller
Menschen?

Da ich jedoch weiß, daß du Namen und Autoritäten
nicht viel Gewicht beimißt, will ich dir ein wenig deutlicher zu zeigen versuchen, welchen Problemen jener
Anthropomorphismus, den du vertrittst, ausgesetzt ist.
Ich werde beweisen, daß es keinen Grund zu der
Annahme gibt, im göttlichen Geist bilde sich ein Welt-
plan, bestehend aus einzelnen, verschiedenartig angeord-
neten Ideen – in der Weise, wie sich im Kopf eines
Architekten der Plan eines Hauses bildet, das er zu bauen
beabsichtigt.

Ich muß sagen, es ist nicht leicht einzusehen, was mit
dieser Annahme gewonnen ist, gleichgültig ob wir die
Sache nach der Vernunft oder nach der Erfahrung beurteilen. So oder so sind wir genötigt, eine Stufe höher zu
steigen, um für diese Ursache, die du als zufriedenstel-
lenden Endpunkt angegeben hattest, wieder eine Ursache
zu finden.

Sofern die *Vernunft* (ich meine die abstrakte Vernunft,
die auf Untersuchungen *a priori* beruht) nicht gegenüber
sämtlichen Fragen nach Ursache und Wirkung gleichermaßen stumm bleibt, so wird sie immerhin das folgende
Urteil abzugeben wagen: Eine geistige Welt oder ein
Universum von Ideen erfordert ebensosehr eine Ursache
wie eine materielle Welt oder ein Universum von Gegenständen – und zwar eine ähnliche Ursache, falls die
Anordnung in beiden Fällen ähnlich ist. Denn was ist es,
das hier zu unterschiedlichen Schlußfolgerungen Anlaß
geben könnte? Abstrakt betrachtet, sind beide Fälle einander vollkommen gleich; die eine Annahme ist in keiner
Weise problematisch, in der es nicht auch die andere
wäre.

Wenn wir andererseits durchaus der *Erfahrung* ein Urteil

über diese Dinge, die eigentlich außerhalb ihrer Reichweite liegen, abnötigen wollen, so kann sie, was unsere Frage betrifft, keinen einschlägigen Unterschied zwischen diesen beiden Arten von Welten feststellen; sie findet vielmehr beide von ähnlichen Prinzipien beherrscht und in ihrem Geschehensablauf von einer gleichen Vielfalt von Ursachen abhängig. In einem verkleinerten Maßstab stehen uns für die eine wie für die andere Welt Muster zur Verfügung: Unser eigener Geist entspricht der einen, ein pflanzlicher oder tierischer Organismus der anderen. Man lasse also die Erfahrung auf der Basis dieser Muster zu einem Urteil kommen. Nichts scheint schwankenderen Ursachen zu unterliegen als das Denken; und da diese Ursachen bei zwei verschiedenen Menschen niemals auf dieselbe Weise wirken, finden wir auch niemals zwei Menschen, die völlig gleich denken. Und ebensowenig denkt derselbe Mensch völlig gleich zu zwei verschiedenen Zeitpunkten. Unterschiede im Alter, in der körperlichen Verfassung, im Wetter, in der Nahrung, im Umgang, in der Lektüre, in den Interessen: alle diese Umstände und andere noch geringfügigere reichen aus, dem erstaunlichen Mechanismus des Denkens eine andere Richtung zu geben, und veranlassen es zu sehr unterschiedlichen Tätigkeiten und Operationen. Soweit wir das beurteilen können, sind pflanzliche und tierische Organismen nicht labiler in ihren Abläufen und auch nicht von einer größeren Vielfalt oder erstaunlicheren Anpassung von Triebfedern und Prinzipien abhängig.

Wie sollen wir also unsere Wißbegier über die Ursache jenes Wesens, das du für den Urheber der Natur hältst, befriedigen; beziehungsweise wie läßt sich deinem anthropomorphistischen System gemäß die Ursache jener ideellen Welt bestimmen, auf die du die materielle zurückführst? Haben wir nicht denselben Grund, diese ideelle Welt auf eine weitere ideelle Welt, auf ein neues geistbegabtes Prinzip zurückzuführen? Wenn wir aber haltmachen und nicht weiter gehen, warum gehen wir dann gerade bis zu jenem Punkt? Warum machen wir nicht bei der materiellen Welt halt? Wie können wir zufrieden sein, ohne *in infinitum* weiterzugehen? Und was für eine Befriedigung kann überhaupt in diesem unendlichen Weitergehen liegen? Erinnern wir uns der Geschichte von dem indischen Philosophen und seinem Elefanten. Sie ist nirgendwo einschlägiger als bei unserem gegenwärtigen Gegenstand. Wenn die materielle Welt auf einer ihr ähnlichen ideellen Welt beruht, dann muß diese ideelle Welt wiederum auf einer anderen Welt beruhen und so weiter ohne Ende. Es wäre deshalb besser, über die materielle Welt gar nicht erst hinauszugehen. Indem wir annehmen, daß sie das Prinzip ihrer Ordnung in sich selbst enthält, behaupten wir in Wahrheit, sie sei Gott; und je eher wir zu diesem göttlichen Wesen gelangen, um so besser. Wenn du auch nur einen Schritt über das System dieser Welt hinausgehst, so erregst du damit bloß einen Wissensdurst, der sich doch nie stillen läßt.

Wenn jemand sagt, daß die verschiedenen Ideen, welche die Vernunft des höchsten Wesens ausmachen, von selbst und durch ihre eigene Natur eine feste Ordnung annehmen, so redet er im Grunde ohne einen bestimmten Sinn. Andernfalls möchte ich gern wissen, warum man nicht ebenso sinnvoll sagen kann, daß die Teile der *materiellen* Welt von selbst und durch ihre eigene Natur eine feste Ordnung annehmen. Kann die eine Auffassung verständlich sein, die andere aber nicht?

Wir besitzen in der Tat Erfahrung von Ideen, die von selbst eine feste Ordnung annehmen, ohne daß uns eine Ursache dafür *bekannt* wäre. Doch mit Sicherheit haben wir eine viel umfangreichere Erfahrung von Materie, die dasselbe tut, z. B. in allen Fällen von Zeugung und Wachstum, wo das genaue Erfassen der Ursache alle menschlichen Fähigkeiten übersteigt. Wir besitzen ebenfalls Erfahrung von bestimmten Systemen idealler *und* materieller Natur, die ungeordnet sind, nämlich im Falle von Wahnsinn beziehungsweise Verwesung. Warum also sollten wir denken, daß Ordnung mehr zum Wesen des einen als des anderen Bereichs gehört? Und wenn Ordnung in beiden Fällen eine Ursache erfordert, was gewinnen wir dann durch deine Denkweise, die das Universum der Gegenstände auf ein diesem ähnliches Universum der Ideen zurückführt? Der erste Schritt, den wir auf diesem Wege tun, führt uns weiter ins Unendliche. Wir würden deshalb weise handeln, alle unsere Untersuchungen auf die gegebene Welt zu beschränken und nicht über sie hinauszublicken. Diese Spekulationen, welche die engen Grenzen des menschlichen Verstandes so weit überschreiten, können uns nie irgendwelche Befriedigung verschaffen.

Du weißt, Cleanthes, die Peripatetiker hatten die Gewohnheit, wenn nach der Ursache irgendeines Phänomens gefragt wurde, sich auf ihre *Kräfte* oder *verborgenen Eigenschaften* zurückzuziehen und beispielsweise zu sagen, Brot nähre durch seine nährende Kraft und Sennesblätter führten ab durch ihre abführende Kraft. Doch es hat sich gezeigt, daß diese Ausflucht bloß die Maske der Unwissenheit war und daß diese Philosophen in Wirklichkeit dasselbe sagten – nur weniger aufrichtig – wie die Skeptiker oder die Menge, die offen zugaben, die Ursachen dieser Phänomene nicht zu kennen. Entsprechendes gilt hier: Wenn gefragt wird, welche Ursache die Ideen des höchsten Wesens in eine feste Ordnung bringt, könnt ihr Anthropomorphisten dann einen anderen Grund angeben, als daß es sich hier um eine *rationale* Kraft handle und diese in der Natur der Gottheit liege? Warum aber zur Erklärung der Ordnung der Welt nicht eine ähnliche Antwort, die entgegen deiner Forderung einen geistbegabten Schöpfer dieser Art aus dem Spiel

läßt, ebenso befriedigend sein kann, dürfte schwer zu
ermitteln sein. Diese Antwort würde lediglich lauten,
daß eben dies die Natur der materiellen Dinge sei und
daß sie alle von Anfang an eine *Kraft* zu Ordnung und
Gleichmaß besitzen. In beiden Fällen handelt es sich
lediglich um gelehrtere und kompliziertere Arten, unsere
Unwissenheit einzugestehen. Und die eine Hypothese
hat gegenüber der anderen nur den einen Vorzug, daß sie
den Vorurteilen der Menge besser angepaßt ist.

Du hast dieses Argument mit großem Nachdruck vorgetragen, erwiderte Cleanthes; es scheint dir nicht klar zu
sein, wie leicht man darauf antworten kann. Ist es selbst
im Alltag, wenn ich für irgendeinen Vorgang eine Ursache angebe, ein Einwand, Philo, daß ich nicht die Ursache dieser Ursache angeben und jede weitere Frage
beantworten kann, die sich immer wieder aufwerfen
läßt? Und von welchen Philosophen könnte man sich
vorstellen, daß sie sich einer derartig strengen Regel
unterwerfen? Von welchen Philosophen zumindest, die
zugeben, daß letzte Ursachen völlig unbekannt sind, und
wissen, daß die abstraktesten Prinzipien, auf die sie die
Erscheinungen zurückführen, für sie ebenso unerklärlich
bleiben wie diese Erscheinungen selbst für das einfache
Volk? Die Ordnung und Angepaßtheit in der Natur, das
erstaunliche Zusammenspiel der Zweckursachen, die
offenkundige Nützlichkeit und Absicht in jedem einzelnen Teil oder Organ: dieses alles verrät in der deutlichsten Sprache eine geistige Ursache oder einen Urheber.
Himmel und Erde vereinigen sich in demselben Zeugnis;
der ganze Chor der Natur singt einen einzigen Lobge-
sang zum Preis ihres Schöpfers. Du allein (oder fast
allein) störst diese allgemeine Harmonie, indem du
abstruse Zweifel und spitzfindige Einwände anmeldest:
Du fragst mich etwa, was die Ursache dieser Ursache sei.
Ich weiß es nicht; ich will es auch nicht wissen; es läßt
mich kalt. Ich habe eine Gottheit gefunden, und damit

breche ich meine Untersuchung ab. Mögen diejenigen weitergehen, die mehr Weisheit oder mehr Unternehmungsgeist besitzen.

Ich beanspruche für mich keines von beiden, antwortete Philo; und gerade deswegen würde ich wohl nie versucht haben, auch nur so weit zu gehen. Das gilt insbesondere, wenn ich mir klarmache, daß ich mich letzten Endes mit derselben Antwort zufriedengeben muß, die mir von Anfang an, ohne weitere Umstände hätte genügen können. Wenn ich doch in völliger Unkenntnis der Ursachen bleiben muß und letztlich von nichts eine Erklärung geben kann, so werde ich es nie als einen Gewinn betrachten, ein Problem vorübergehend wegzuschieben, das sich (wie du zugibst) mir sogleich in voller Schwere wieder stellen muß. Die Naturwissenschaftler erklären allerdings und völlig zu Recht besondere Wirkungen aus allgemeineren Ursachen, obgleich diese allgemeinen Ursachen selbst möglicherweise am Ende völlig unerklärbar bleiben. Doch sie haben es gewiß nie für ausreichend gehalten, eine besondere Wirkung aus einer besonderen Ursache zu erklären, die ebenso schwer begreiflich war wie die Wirkung selbst. Ein System von Ideen, das aus sich selbst heraus, ohne daß es zuvor entworfen worden wäre, Form annimmt, ist nicht einen Deut leichter erklärbar als ein System materieller Gegenstände, das in entsprechender Weise seine Gestalt gewinnt; und in dieser Annahme liegt keine größere Schwierigkeit als in jener.

Teil 5

Ich möchte dir aber noch weitere unangenehme Konsequenzen deines Anthropomorphismus aufzeigen, fuhr Philo fort. Laß uns bitte die Grundlagen deiner Argumentation noch einmal überprüfen. *Gleiche Wirkungen sind ein Beweis für gleiche Ursachen.* So argumentiert man, wenn man sich auf Erfahrung stützt; und nur so kann man, wie du sagst, auch im theologischen Bereich argumentieren. Nun gilt mit Sicherheit, daß ein solches Argument um so stärker ist, je ähnlicher die beobachteten Wirkungen und je ähnlicher die daraus erschlossenen Ursachen sind. Jede Abweichung hier wie dort vermindert die Wahrscheinlichkeit und schwächt den Erfahrungsschluß. An dem genannten Grundsatz kannst du nicht zweifeln; also mußt du auch seine Konsequenzen akzeptieren.

All die neuen Entdeckungen in der Astronomie, die die unermeßliche Größe und Erhabenheit der Werke der Natur aufzeigen, bilden – nach dem wahren theistischen System – ebenso viele zusätzliche Beweise für eine Gottheit. Nach der von dir vertretenen Hypothese eines auf Erfahrung gegründeten Theismus jedoch werden sie alle zu Einwendungen, indem sie die betreffende Wirkung noch weiter von jeder Ähnlichkeit mit den Wirkungen menschlicher Kunst und Erfindung wegrücken. Denn wenn Lukrez[6] sogar auf der Basis der alten Weltauffassung ausrufen konnte:

> »Wer kann das unermeßliche All regieren, wer die mächtigen Zügel der Tiefe in der lenkenden Hand halten? Wer kann alle Firmamente zugleich kreisen lassen und alle fruchtbaren Erden durch die Feuer des

6 Buch II, 1094 [*De rerum natura* II, 1095–99].

Äthers erwärmen? Wer vermag an allen Orten zu jeder
Zeit gegenwärtig zu sein?«

Und wenn Cicero[7] diesen Gedankengang für so natürlich
hielt, daß er ihn in folgender Weise seinem Epikureer in
den Mund legte:

> »Denn mit welchem geistigen Auge konnte euer Pla-
> ton jene gewaltige Werkstatt erblicken, in der er die
> Welt von Gott konstruiert und errichtet werden läßt?
> Wie ging alles vonstatten? Mit welchen Werkzeugen,
> Hebeln, Maschinen? Wer half bei einem so immensen
> Werk? Wie kam es, daß Luft, Feuer, Wasser und Erde
> dem Willen des Baumeisters gehorsam folgten?«

Wenn dieses Argument, sage ich, in früheren Zeitaltern
einiges Gewicht hatte, wieviel größeres Gewicht muß es
dann jetzt haben, wo die Grenzen der Natur so unendlich weiter geworden sind und eine so großartige Szene
sich vor uns auftut? Es ist jetzt noch unvernünftiger,
unsere Vorstellung von einer so unendlichen Ursache
unserer Erfahrung von den bescheidenen Produkten
menschlicher Planung und Erfindung nachzubilden.
Die mikroskopischen Entdeckungen, die uns ein weiteres Universum im kleinen eröffnen, sind ebenfalls Einwände für deine Auffassung, Stützen für die meine. So
weit wir unsere Forschungen dieser Art auch vorantrei-
ben, wir können der Folgerung nicht ausweichen, daß
die Gesamtursache aller Dinge sich von einem menschlichen Wesen oder von irgendeinem Gegenstand menschlicher Erfahrung und Beobachtung enorm unterscheidet.
Und was sagst du zu den Entdeckungen in der Anatomie, der Chemie und der Botanik? Das sind sicher keine

7 *De natura deorum*, Buch I [8, 19].

Einwendungen, antwortete Cleanthes; diese Entdeckungen zeigen uns lediglich neue Fälle von Kunst und Erfindung. Es ist immer wieder das Bild eines Geistes, das uns im Spiegel unzähliger Gegenstände entgegentritt. Du mußt hinzufügen: eines Geistes, der *dem menschlichen ähnlich ist*, sagte Philo. Ich kenne keinen anderen, erwiderte Cleanthes. Und je größer die Ähnlichkeit, desto besser, betonte Philo. Gewiß, sagte Cleanthes.

Nun, Cleanthes, sagte Philo mit lebhafter und triumphierender Miene, beachte die Konsequenzen deiner Argumentation. Erstens mußt du jeden Anspruch aufgeben, der Gottheit in irgendeiner ihrer Eigenschaften Unendlichkeit zusprechen zu können. Denn da die Ursache der Wirkung angemessen sein muß und da die Wirkung, soweit wir von ihr Kenntnis haben, nicht unendlich ist, welches Recht haben wir da nach deinen eigenen Voraussetzungen, diese Eigenschaft dem göttlichen Wesen beizulegen? Du wirst doch weiter darauf bestehen wollen, daß wir uns, wenn wir sein Bild so sehr von aller Ähnlichkeit mit menschlichen Wesen reinigen, auf eine völlig willkürliche Hypothese einlassen und zugleich jeden Beweis seiner Existenz schwächen.

Zweitens gibt dir deine Theorie keinen Grund, der Gottheit selbst unter endlichen Vorzeichen Vollkommenheit zuzuschreiben, sie also für frei von Irrtum, Fehlern und widersprüchlichem Verhalten zu erklären. Die Werke der Natur stellen uns vor viele unerklärliche Probleme. Wenn wir die Vollkommenheit des Schöpfers als *a priori* beweisbar zugestehen, lassen sie sich leicht lösen. Sie erweisen sich dann nämlich als bloße Scheinprobleme, die daraus resultieren, daß der Mensch nur über begrenzte Fähigkeiten verfügt und unendliche Bezüge nicht bis zu Ende verfolgen kann. Doch für deine Argumentationsweise sind alle diese Probleme tatsächlich vorhanden; ja sie könnten als weiterer Beleg für die behauptete Ähnlichkeit mit menschlicher Erfindung und

Gestaltung dienen. Jedenfalls mußt du zugeben, daß wir von unserem beschränkten Blickwinkel aus unmöglich sagen können, ob das vorliegende System, verglichen mit anderen möglichen oder sogar wirklichen Systemen, irgendwelche schwerwiegenden Mängel enthält oder ob es ein besonderes Lob verdient. Könnte ein Bauer, dem die *Äneis* vorgelesen wird, diesem Epos höchste Vollkommenheit bescheinigen oder ihm auch nur seinen gebührenden Rang unter den Erzeugnissen des menschlichen Geistes zuweisen – er, der mit keinem anderen Erzeugnis dieses Geistes bekannt ist?

Aber auch wenn diese Welt ein noch so vollkommenes Werk wäre, müßte es doch ungewiß bleiben, ob alle Vorzüge dieses Werkes mit Recht dem Erbauer zugeschrieben werden können. Wenn wir ein Schiff näher betrachten, was für eine gewaltige Vorstellung müßten wir uns da von der Erfindungsgabe des Zimmermanns machen, der eine derartig komplizierte, nützliche und schöne Maschine geschaffen hat! Und welches Erstaunen müßten wir empfinden, wenn wir in ihm nur einen einfachen Handwerker erkennen, der andere nachgeahmt und eine Kunst kopiert hat, die in einer langen Zeitabfolge, nach vielfältigen Versuchen, Fehlern, Korrekturen, Überlegungen und Meinungsverschiedenheiten erst allmählich ein gewisses Niveau erreicht hat! Viele Welten mögen während einer Ewigkeit stümperhaft zusammengestoppelt worden sein, bis das gegenwärtige System gefunden war: viel verlorene Arbeit; viele vergebliche Versuche; und während unendlicher Zeiträume ein langsamer, doch stetiger Fortschritt in der Kunst der Weltgestaltung. Wer will in einer solchen Sache, konfrontiert mit einer Fülle von Hypothesen, die man ernsthaft vorschlagen oder zumindest sich in der Phantasie ausmalen kann, entscheiden, wo die Wahrheit, oder auch nur vermuten, wo die Wahrscheinlichkeit liegt?

Und welchen Schatten eines Beweises, fuhr Philo fort,

kann deine Hypothese für die Einheit Gottes liefern?
Eine große Anzahl Menschen tun sich zusammen zum
Bau eines Hauses oder Schiffes, zur Gründung einer
Stadt oder zur Bildung eines Staates. Warum sollten sich
nicht verschiedene Gottheiten zum Entwurf und zur
Gestaltung einer Welt zusammentun? Das würde die
Ähnlichkeit zum menschlichen Bereich doch nur vergrößern. Indem wir die Verantwortung unter mehrere Gottheiten verteilen, können wir die Attribute jeder einzelnen von ihnen um so stärker einschränken und dadurch
auf jenes gewaltige Maß an Macht und Wissen verzichten, das wir einer einzigen Gottheit zuschreiben müßten
und das deiner Hypothese gemäß doch nur dazu dienen
kann, den Beweis für ihre Existenz zu schwächen. Wenn
sich sogar so törichte und lasterhafte Geschöpfe wie die
Menschen häufig zum Entwurf und zur Ausführung
eines Planes zusammentun können, um wieviel mehr
muß das dann von jenen Gottheiten oder höheren Wesen
gelten, die wir für erheblich vollkommener halten
dürfen?

Ursachen ohne Notwendigkeit zu vermehren, läßt sich
allerdings mit wahrer Philosophie nicht vereinbaren.
Aber dieses Prinzip findet auf den vorliegenden Fall
keine Anwendung. Würde deine Theorie von vornherein
die Existenz einer einzigen Gottheit, im Besitz aller zur
Hervorbringung des Universums erforderlichen Eigenschaften, beweisen, so wäre es zugestandenermaßen
überflüssig (wenn auch nicht absurd), die Existenz noch
weiterer Gottheiten anzunehmen. Aber solange es noch
offen ist, ob all diese Eigenschaften in einem Subjekt
vereinigt oder unter verschiedene, voneinander unabhän-
gige Wesen verteilt sind, aufgrund welcher Gegebenheiten in der Natur können wir es da wagen, die Frage zu
entscheiden? Wenn wir in einer Waagschale einen
Gegenstand steigen sehen, sind wir sicher, daß sich in der
anderen Waagschale, wenn auch nicht sichtbar, irgendein

Gegengewicht befindet. Doch es bleibt durchaus zweifelhaft, ob dieses Gegengewicht von einer Anzahl verschiedener Einzelgegenstände oder von einer einheitlichen Masse gebildet wird. Und wenn das erforderliche Gewicht weit größer ist, als wir es je in einem einzelnen Gegenstand wahrgenommen haben, so wird dadurch die erste der beiden Annahmen wahrscheinlicher und natürlicher. Ein vernunftbegabtes Wesen von so ungeheurer Macht und Fähigkeit, wie zur Hervorbringung des Universums erforderlich, ein – um mit den antiken Philosophen zu reden – so staunenerregendes Lebewesen geht über jede Analogie, ja über jedes Begreifen hinaus.

Und außerdem, Cleanthes: Menschen sind sterblich und erneuern ihre Art durch Zeugung, was auf alle Lebewesen zutrifft. Die beiden großen Geschlechter von Mann und Weib, sagt Milton, beleben die Welt. Warum sollte dieser so allgemein verbreitete, so wesentliche Umstand auf jene zahlreichen und endlichen Gottheiten *nicht* zutreffen? Du siehst, die Theogonie des Altertums wird wieder aktuell.

Und sollten wir nicht mit dem Anthropomorphismus wirklich Ernst machen? Warum behaupten wir nicht, die Gottheit beziehungsweise die Gottheiten seien körperliche Wesen und hätten Augen, Nase, Mund und Ohren? Epikur vertrat die Auffassung, daß niemand je Vernunft wahrgenommen habe außer in menschlicher Gestalt; daher müßten die Götter eine menschliche Gestalt besitzen. Eben dieses Argument, das Cicero mit Recht so lächerlich gemacht hat, muß nach deiner Betrachtungsweise als solide und philosophisch bezeichnet werden.

Mit einem Wort, Cleanthes, wer deiner Hypothese folgt, ist vielleicht imstande zu behaupten oder zu vermuten, daß das Universum irgendwann einmal aus so etwas wie einem Plan heraus entstanden ist. Doch darüber hinaus kann er absolut nichts ermitteln; jede Einzelheit seiner Theologie darf er nun der unbeschränkten Willkür seiner

Phantasie und Mutmaßung überlassen. Nach allem, was er weiß, ist diese Welt, sofern man einen höheren Maßstab anlegt, sehr fehlerhaft und unvollkommen: Vielleicht war sie bloß der erste, noch ungeübte Versuch einer Gottheit im Kindesalter, die später, beschämt über ihre schwache Vorstellung, die Flinte ins Korn warf; oder sie ist nur das Werk einer unselbständigen und untergeordneten Gottheit, das den Vorgesetzten dieser Gottheit zum Spott dient; oder sie ist das kindische Greisenwerk einer schon altersschwachen Gottheit, das sich seit deren Tode von dem ersten empfangenen Antrieb und der dabei mitbekommenen Energie aufs Geratewohl weiterbewegt. Mit Recht äußerst du Zeichen des Entsetzens, Demea, über diese befremdlichen Unterstellungen; doch sie und tausend andere ihrer Art stammen von Cleanthes, nicht von mir. Von dem Augenblick an, wo man die göttlichen Eigenschaften für begrenzt hält, werden alle diese Unterstellungen möglich. Ich für meinen Teil kann nicht glauben, daß ein so wildes und grundloses System der Theologie in irgendeiner Hinsicht besser ist als gar keines.

Diese Unterstellungen unterschreibe ich in keinem Falle, rief Cleanthes; sie erfüllen mich allerdings auch nicht mit Entsetzen – jedenfalls nicht in der unzusammenhängenden Form, in der sie von dir vorgebracht werden. Im Gegenteil, sie bereiten mir Vergnügen, wenn ich dabei sehe, daß du, auch wenn du deiner Phantasie die Zügel schießen läßt, die Hypothese einer absichtsvollen Planung im Universum nie abschütteln kannst, sondern bei jedem neuen Ansatz auf sie angewiesen bleibst. Auf dieses Zugeständnis nagele ich dich fest; ich betrachte es als eine ausreichende Grundlage für die Religion.

Teil 6

Das muß in der Tat eine baufällige Konstruktion sein, sagte Demea, die auf einer derartig schwankenden Grundlage errichtet werden kann. Solange wir unsicher sind, ob es nur eine oder viele Gottheiten gibt, ob die Gottheit oder die Gottheiten, denen wir unser Dasein verdanken, vollkommen oder unvollkommen, untergeordnet oder von höchstem Rang, tot oder lebendig sind: Welche Hoffnung oder Zuversicht können wir da in sie setzen? Welche Art von Andacht oder Anbetung ihnen darbringen? Welche Verehrung, welchen Gehorsam ihnen leisten? In jeder praktischen Hinsicht werden die Lehren der Religion vollkommen nutzlos. Und selbst in ihren theoretischen Konsequenzen werden diese Lehren durch jene Unsicherheit, die ihnen nach deiner Theorie anhaftet, ganz und gar fragwürdig und unbefriedigend.

Um sie noch unbefriedigender zu machen, sagte Philo, fällt mir eine weitere Hypothese ein, die für die Schlußweise, auf die Cleanthes solches Gewicht legt, eine gewisse Wahrscheinlichkeit gewinnen muß. Daß gleiche Wirkungen aus gleichen Ursachen entstehen, dies Prinzip betrachtet er als die Grundlage aller Religion. Es gibt jedoch ein anderes, ähnliches Prinzip, das nicht weniger gewiß ist und sich aus derselben Erfahrungsquelle herleitet: Wo man von mehreren Umständen, die bekannt sind, beobachtet, daß sie einander ähnlich sind, da werden sich auch die unbekannten Umstände als einander ähnlich erweisen. Wenn wir etwa die Glieder eines menschlichen Körpers sehen, schließen wir, daß auch ein menschlicher Kopf dazugehört, obzwar wir diesen nicht sehen können. Oder wenn wir durch einen Mauerspalt einen kleinen Teil der Sonne sehen, schließen wir, daß wir, würde die Mauer verschwinden, den ganzen Him-

melskörper sehen würden. Kurzum, diese Schlußweise
liegt so sehr auf der Hand und ist uns so vertraut, daß
man an ihrer Richtigkeit in keiner Weise zweifeln
kann.

Wenn wir nun das Universum, soweit es unserer
Erkenntnis zugänglich ist, näher betrachten, so zeigt es
eine große Ähnlichkeit mit einem tierischen, organischen
Körper und scheint von einem gleichen Lebens- und
Bewegungsprinzip wie dieser in Gang gehalten zu werden. Eine beständige Zirkulation von Materie in ihm
führt zu keiner Unordnung; ein beständiger Substanz-
verlust in jedem seiner Teile wird unaufhörlich wieder
ausgeglichen; in dem ganzen System ist der engste
Zusammenhang bemerkbar; und jedes einzelne Teilstück
oder Glied dient, indem es seine spezifische Funktion
erfüllt, sowohl seiner eigenen Erhaltung als auch der des
Ganzen. Die Welt ist also, so schließe ich, ein Lebewesen; die Gottheit aber ist die Seele der Welt, die sie
bewegt und von ihr bewegt wird.

Du bist zu gebildet, Cleanthes, um über diese Auffassung im mindesten erstaunt zu sein; wie du weißt, wurde
sie von fast allen Theisten des Altertums vertreten und
nimmt in ihren Erörterungen und Argumentationen
einen breiten Raum ein. Zwar argumentieren die antiken
Philosophen gelegentlich von Zweckursachen aus, so als
sähen sie die Welt als das Werk Gottes an. Ihre Lieb-
lingsvorstellung scheint es jedoch zu sein, die Welt als
Gottes Körper zu betrachten, der darauf angelegt ist,
ihm dienstbar zu sein. Da das Universum tatsächlich
einem menschlichen Körper mehr als den Werken
menschlicher Kunst und Erfindung gleicht, muß man
zugeben, daß dann, wenn sich unser begrenzter Analogieschluß jemals zu Recht auf das Ganze der Natur
ausdehnen lassen sollte, die antike Theorie in ihrer Folgerung offenbar zutreffender ist als die moderne.

Außerdem hat die antike Theorie noch manche andere

Vorzüge, die sie den damaligen Theologen in einem positiven Licht erscheinen ließen. Nichts steht in einem stärkeren Widerspruch zur ganzen Denkweise dieser Theologen – denn nichts widerspricht in stärkerem Maße der Alltagserfahrung –, als ein Geist ohne einen Körper, eine rein geistige Substanz, die sie weder sinnlich noch geistig erfassen konnten und von der sie in der gesamten Natur nicht ein einziges Beispiel beobachtet hatten. Geist und Körper kannten sie, weil sie beides selbst fühlten. Und aus demselben Grunde waren sie bei beiden vertraut mit Ordnung, Zusammenhang und innerer Organisation. Es mußte ihnen daher ohne weiteres vernünftig erscheinen, diese Erfahrung auf das Universum zu übertragen und davon auszugehen, daß Geist und Körper Gottes ebenfalls nicht ohne einander existieren und daß beide Ordnung und Organisation als natürliche und unveräußerliche Eigenschaften in sich tragen.

Hier haben wir also eine neue Form von Anthropomorphismus vor uns, Cleanthes, über die du dir Gedanken machen kannst. Es handelt sich um eine Theorie, die keinen nennenswerten Schwierigkeiten ausgesetzt zu sein scheint. Du bist sicher über *theoretische Vorurteile* zu weit hinaus, um in der Annahme, daß der Körper eines Lebewesens entweder ursprünglich, aus sich selbst heraus, oder aufgrund unbekannter Ursachen Ordnung und Organisation besitzt, eine größere Schwierigkeit zu sehen als in jener Annahme, daß eine entsprechende Ordnung dem Geist innewohnt. Das *gängige Vorurteil* jedoch, wonach Körper und Geist stets gemeinsam vorkommen müssen, sollte man, wie es scheint, nicht völlig über Bord werfen. Denn es gründet sich auf die *allgemeine Erfahrung*, die einzige Richtschnur, der du in all diesen theologischen Untersuchungen zu folgen behauptest. Falls du aber sagst, unsere begrenzte Erfahrung sei ein inadäquater Maßstab, um die in ihrem Ausmaß unbegrenzte Natur zu beurteilen, so gibst du deine eigene

Hypothese vollkommen preis und mußt zu unserem, wie du es nennst, Mystizismus übergehen, das heißt die absolute Unbegreiflichkeit der göttlichen Natur zugestehen.

Ich muß sagen, erwiderte Cleanthes, daß mir diese Theorie noch nie in den Sinn gekommen ist, obschon sie ziemlich naheliegt. Ich kann nach so kurzer Prüfung und Überlegung nicht sofort zu ihr Stellung nehmen. Du bist allerdings sehr gewissenhaft, sagte Philo; wenn *ich* eine *deiner* Theorien zu überprüfen hätte, ich würde nicht mit dem halben Maß an Vorsicht und Zurückhaltung Einwände und Schwierigkeiten geltend machen. Wie dem auch sei, wenn dir irgend etwas einfällt, so wären wir dir dankbar, wenn du es vorbringst.

Nun denn, erwiderte Cleanthes, es scheint mir, daß, obgleich die Welt in vieler Hinsicht dem Körper eines Tieres gleicht, die Analogie doch auch in vielen und gerade in den wichtigsten Punkten verfehlt ist: keine Sinnesorgane; kein Sitz für Denken oder Vernunft; kein klar bestimmter Ausgangspunkt von Bewegung und Handlung. Kurz, die Welt scheint eine größere Ähnlichkeit mit einer Pflanze als mit einem Tier zu haben, und deine Folgerung zugunsten einer Weltseele wäre insoweit nicht schlüssig.

Zum zweiten aber scheint deine Theorie die Ewigkeit der Welt zur Konsequenz zu haben; und das ist eine Annahme, die sich, wie ich meine, durch die stärksten Vernunftgründe und Wahrscheinlichkeitserwägungen widerlegen läßt. Ich will in diesem Zusammenhang ein Argument in die Debatte werfen, das, wie ich glaube, noch von keinem Autor vertreten wurde. Diejenigen, die von der späten Entstehung der Künste und Wissenschaften her argumentieren, können zwar, wenngleich ihr Schluß nicht ohne Gewicht ist, eventuell durch den Hinweis auf gewisse Aspekte des Wesens der menschlichen Gesellschaft widerlegt werden. Ich meine den stän-

digen Wechsel zwischen Unwissenheit und Erkenntnis,
Freiheit und Sklaverei, Reichtum und Armut, so daß wir
auf der Basis unserer beschränkten Erfahrung nicht mit
Sicherheit voraussagen können, welche Ereignisse Wahrscheinlichkeit besitzen und welche nicht. Die antike
Bildung und Geschichte war offenbar nach der Über-
schwemmung des Abendlandes durch die Barbaren in
großer Gefahr, völlig unterzugehen. Hätten diese politischen Erschütterungen etwas länger gedauert oder wären
sie etwas gewaltsamer verlaufen, so wüßten wir heute
wahrscheinlich nicht, was sich einige Jahrhunderte vor
uns in der Welt ereignete. Ja, wäre da nicht der abergläubische Brauch der Päpste gewesen, ein wenig Latein als
Kunstsprache beizubehalten, um das Erscheinungsbild
einer alten und umfassenden Kirche zu fördern, so hätte
die lateinische Sprache völlig in Vergessenheit geraten
müssen. Das aber bedeutet, daß die abendländische
Welt, die ganz und gar barbarisch war, nicht die Voraussetzung besessen hätte, um die griechische Sprache und
Kultur, die ihr nach der Eroberung Konstantinopels
vermittelt wurde, aufzunehmen. Nach dem Untergang
von Literatur und Bildung würden sogar die handwerkli-
chen Künste stark in Verfall geraten sein; man kann sich
daher leicht vorstellen, daß Legende oder Überlieferung
ihnen möglicherweise einen viel späteren Ursprung
zuschreiben, als es der Wahrheit entspricht. Dieses verbreitete Argument gegen die Ewigkeit der Welt erscheint
deshalb als einigermaßen fragwürdig.
Doch die folgenden Ausführungen dürften die Basis für
ein besseres Argument bilden: Erst Lucullus brachte
Kirschbäume von Asien nach Europa – obschon dieser
Baum in zahlreichen europäischen Klimaten so gut
gedeiht, daß er pflegelos in den Wäldern wächst. Ist es
möglich, daß eine ganze Ewigkeit lang nie ein Europäer
nach Asien kam und den Gedanken faßte, eine so köstli-
che Frucht in seine Heimat zu verpflanzen? Wenn aber

der Baum einmal verpflanzt war und sich ausgebreitet hatte, wie hätte er dann später wieder aussterben können? Politische Reiche mögen entstehen und vergehen, Zustände der Freiheit und der Sklaverei einander abwechseln, Zeiten der Unwissenheit und der Erkenntnis aufeinander folgen. Doch der Kirschbaum wird weiter in den Wäldern Griechenlands, Spaniens und Italiens zu finden sein; die Umwälzungen in der menschlichen Gesellschaft können ihm nichts anhaben.

Es ist noch keine zweitausend Jahre her, daß der Weinstock nach Frankreich verpflanzt wurde, obschon kein Klima in der Welt ihm mehr entgegenkommt. Und es ist noch keine dreihundert Jahre her, daß Pferde, Kühe, Schafe, Schweine, Hunde und Mais in Amerika heimisch wurden. Ist es möglich, daß in den Zeitabläufen einer ganzen Ewigkeit nie ein Kolumbus erschien, um die Verbindung zwischen Europa und jenem Kontinent herzustellen? Ebensogut könnten wir uns vorstellen, die ganze Menschheit hätte seit zehntausend Jahren Strümpfe getragen, ohne daß jemand auf die Idee gekommen wäre, diese durch Strumpfbänder zu befestigen. Alles dies erscheint als ein überzeugender Beweis für das jugendliche, ja kindliche Alter der Welt. Er gründet sich auf die Geltung von Gesetzmäßigkeiten, die von größerer Konstanz und Beständigkeit sind als jene Gesetzmäßigkeiten, von denen die menschliche Gesellschaft beherrscht und beeinflußt wird. Nichts anderes als eine totale Umwandlung der Elemente wird jemals alle europäischen Tiere und Pflanzen, die zur Zeit in der westlichen Welt vorhanden sind, zerstören.

Und welches ist dein Argument gegen derartige Umwandlungen? erwiderte Philo. Überall auf der Erde finden sich starke und kaum widerlegbare Beweise dafür, daß jeder Teil dieser Kugel lange Zeiträume hindurch ganz mit Wasser bedeckt war. Und selbst wenn man Ordnung als eine untrennbare Eigenschaft der Materie ansieht, so schließt das nicht aus, daß die Materie in den endlosen Zeitabläufen der Ewigkeit viele gewaltige Umwandlungen durchgemacht hat. Die unablässigen Veränderungen, denen jeder einzelne Teil der Materie unterliegt, scheinen auf solche umfassenden Umwandlungen irgendeiner Art hinzudeuten, wenngleich man bemerken kann, daß sämtliche Veränderungen und Verfallserscheinungen, von denen wir je Erfahrung gewonnen haben, bloß Übergänge von *einem* Zustand der Ordnung zu einem anderen sind und daß die Materie niemals in totaler Gestaltlosigkeit und Unordnung beharren kann. Was wir an den Teilen sehen, können wir für das Ganze folgern; jedenfalls ist das die Schlußweise, auf die du deine ganze Theorie stützt. Und wäre ich gezwungen, ein bestimmtes System dieser Art zu verteidigen (was ich von mir aus nie tun würde), so hielte ich keines für plausibler als dasjenige, welches der Welt ein ewiges und immanentes Ordnungsprinzip, begleitet freilich von gewaltigen und ständigen Umwandlungen und Veränderungen, zuschreibt. Das löst mit einem Schlag alle Probleme. Und wenn die Lösung, weil sie so allgemein gehalten ist, nicht in jeder Beziehung lückenlos und befriedigend ist, so haben wir hier zumindest eine Theorie, auf die wir früher oder später ohnehin – gleichgültig, welches System wir uns zu eigen machen – zurückgreifen müssen. Wie könnte alles so sein, wie es ist, gäbe es nicht irgendwo, sei es im Denken oder in der Materie, ein ursprüngliches, immanentes Ordnungsprinzip? Und es ist ganz unerheblich, welcher der beiden Daseinsweisen wir den Vorzug geben. Für den Zufall ist kein Platz – weder innerhalb der skeptischen noch innerhalb der religiösen Hypothese. Mit Sicherheit wird alles von konstanten, unverletzbaren Gesetzen beherrscht. Und würde sich uns das innerste Wesen der Dinge offenbaren, so würden wir ein Bild zu sehen bekommen, von dem wir uns im Augenblick keine Vorstellung machen kön-

nen. Anstatt uns über die Ordnung in der Natur zu
wundern, würden wir deutlich sehen, daß es ihr noch im
kleinsten Teilbereich absolut unmöglich war, jemals
einer anderen Gestaltung Raum zu geben.

Wenn jemand die heidnische Theologie der Antike wiederaufleben lassen wollte, wonach, wie wir von Hesiod
wissen, diese Erde von dreißigtausend Gottheiten regiert
wird, die aus den unbekannten Kräften der Natur entstanden sind, so würdest du, Cleanthes, natürlich ein-
wenden, daß durch diese Hypothese nichts gewonnen sei
und daß man ebensogut annehmen könne, alle Menschen
und Tiere (also Wesen, deren Zahl zwar größer, deren
Vollkommenheit aber geringer ist) seien unmittelbar aus
einem gleichen Ursprung hervorgegangen. Treib dieselbe
Schlußweise einen Schritt weiter. Dann wirst du finden,
daß eine zahlreiche Gesellschaft von Gottheiten sich
genausogut erklären läßt wie nur eine, umfassende Gottheit, die in sich die Fähigkeiten und Vollkommenheiten
der ganzen Gesellschaft vereinigt. Somit befinden sich
alle diese Systeme des Skeptizismus, des Polytheismus
und des Theismus, das mußt du zugeben, nach deinen
eigenen Prinzipien auf derselben Ebene; keines der drei
ist gegenüber den anderen beiden in irgendeiner Weise
im Vorteil. Daraus kannst du entnehmen, daß deine
Prinzipien fehlerhaft sind.

Teil 7

Doch hier, bei der Untersuchung des antiken Systems einer Weltseele, fuhr Philo fort, kommt mir plötzlich eine neue Idee, die, wenn sie zutrifft, deine ganze Argumentation praktisch zum Scheitern verurteilt und schon die ersten von dir gezogenen Folgerungen, auf die du so großes Vertrauen setzt, zunichte macht. Wenn das Universum eine größere Ähnlichkeit mit den Körpern von Tieren oder mit Pflanzen als mit den Werken menschlicher Erfindung aufweist, dann ist es wahrscheinlicher, daß seine Ursache der Ursache jener als der Ursache dieser gleicht; sein Ursprung muß dann auf Zeugung und Wachstum anstatt auf Vernunft und Planung zurückgeführt werden. Deine Schlußfolgerung ist demnach deinen eigenen methodischen Prinzipien gemäß wenig überzeugend und fehlerhaft.

Führ dieses Argument bitte etwas weiter aus, sagte Demea, denn in der knappen Form, in der du es vorgetragen hast, verstehe ich es nicht richtig.

Wie du gehört hast, erwiderte Philo, behauptet unser Freund Cleanthes, da jede Frage, die Tatsachen betrifft, durch Erfahrung entschieden werden müsse, könne auch die Existenz einer Gottheit nur auf diese Weise bewiesen werden. Die Welt, sagt er, gleicht den Werken menschlicher Gestaltung; deshalb müssen auch die Ursachen beider einander gleichen. Dazu ist zu bemerken, daß die Wirkung eines einzigen sehr kleinen Teiles der Natur, nämlich des Menschen, auf einen anderen sehr kleinen Teil, nämlich die unbelebte Materie innerhalb seines Wirkungskreises, der Maßstab ist, nach dem Cleanthes den Ursprung des Ganzen beurteilt, und daß er Gegenstände, die so außer allem Verhältnis zueinander stehen, an ein und demselben Standard mißt. Doch um alle Einwände, die unter diesem Gesichtspunkt erhoben wer-

den können, beiseite zu lassen: Ich behaupte, daß es
andere Teile des Universums (außer den vom Menschen
erfundenen Maschinen) gibt, die zur Struktur der Welt
eine noch größere Ähnlichkeit aufweisen und die daher
eine zuverlässigere Vermutung hinsichtlich des gesamten
Ursprungs dieses Systems gestatten. Diese Teile sind
Tiere und Pflanzen. Die Welt gleicht offensichtlich mehr
einem Tier oder einer Pflanze als einer Uhr oder einem
Webstuhl. Deshalb gleicht die Ursache der Welt mit
größerer Wahrscheinlichkeit der Ursache der ersteren.
Deren Ursache ist Zeugung oder Wachstum. Wir können
also schließen, daß die Ursache der Welt etwas ist, das zu
Zeugung oder Wachstum eine Ähnlichkeit oder Analogie
aufweist.

Aber wie ist es vorstellbar, sagte Demea, daß die Welt
aus so etwas wie Zeugung oder Wachstum hervorgeht?

Sehr leicht, antwortete Philo. Ähnlich wie ein Baum
seinen Samen über die benachbarten Felder verstreut und
dadurch weitere Bäume hervorbringt, so erzeugt die
große Pflanze, die Welt oder dies Planetensystem, in sich
selbst eine Art Samen, der, in das umgebende Chaos
gestreut, zu neuen Welten erwächst. Ein Komet z. B. ist
der Same einer Welt; nachdem er, von Sonne zu Sonne
und von Stern zu Stern wandernd, seine volle Reife
erlangt hat, wird er schließlich unter die ungeformten
Elemente geschleudert, die dies Universum überall
umgeben, und entfaltet sich sogleich zu einem neuen
System.

Oder nehmen wir der Abwechslung halber (denn einen
anderen Vorteil sehe ich nicht) an, diese Welt sei ein Tier:
Ein Komet ist das Ei dieses Tieres; und wie ein Strauß
sein Ei in den Sand legt, der dieses Ei, ohne daß weitere
Pflege erforderlich wäre, ausbrütet und ein neues Tier
entstehen läßt, so ... Ich verstehe dich, sagt Demea; aber
was für wilde und willkürliche Annahmen sind das!
Welche *Belege* hast du für so außergewöhnliche

Schlüsse? Und ist die oberflächliche, bloß vorgestellte Ähnlichkeit der Welt mit einer Pflanze oder einem Tier ausreichend, in beiden Fällen dieselbe Folgerung zu begründen? Dürfen Gegenstände, die ganz allgemein so sehr voneinander verschieden sind, zum Maßstab füreinander werden?

Ganz recht, ruft Philo, das ist ja der Punkt, auf dem ich die ganze Zeit bestanden habe. Ich habe stets behauptet, daß wir keine *Belege* haben, um irgendein System der Weltentstehung zu begründen. Unsere als solche schon so unvollkommene und in Tragweite und Dauer so begrenzte Erfahrung versetzt uns nicht in die Lage, über die Gesamtheit der Dinge irgendeine Hypothese aufzustellen, die als wahrscheinlich gelten kann. Falls wir jedoch gezwungen sind, uns für eine der Hypothesen zu entscheiden, nach welchem Kriterium, sag mir bitte, sollen wir diese Entscheidung treffen? Gibt es irgendein anderes Kriterium als das, welches auf die größere Ähnlichkeit der zu vergleichenden Gegenstände abstellt? Und haben nicht eine Pflanze oder ein Tier, die aus Wachstum beziehungsweise Zeugung entstehen, eine stärkere Ähnlichkeit mit der Welt als jede künstliche Maschine, die aus Vernunft und Planung hervorgeht?

Aber was sind dieses Wachstum und diese Zeugung, von denen du sprichst? sagte Demea. Kannst du erklären, wie sie funktionieren, und jene komplizierte innere Struktur analysieren, von der sie abhängen?

Zumindest so gut, erwiderte Philo, wie Cleanthes erklären kann, wie die Vernunft funktioniert, oder wie er jene innere Struktur analysieren kann, von der *sie* abhängt. Doch auch ohne solche aufwendigen Untersuchungen folgere ich, wenn ich ein Tier sehe, daß es durch Zeugung entstanden ist – und zwar mit ebenso großer Sicherheit, wie du angesichts eines Hauses zu dem Schluß kommst, daß es das Resultat einer Planung ist. Diese Begriffe wie »Zeugung« oder »Vernunft« bezeichnen lediglich gewisse Kräfte und Energien in der Natur, deren Wirkungen wir kennen, doch deren inneres Wesen wir nicht erfassen können. Und keines der beiden Prinzipien verdient es, dem anderen vorgezogen und zum Maßstab der gesamten Natur gemacht zu werden.

In Wahrheit, Demea, darf vernünftigerweise erwartet werden, daß eine umfassendere Sicht der Dinge auch die Orientierung verbessert, die wir in unseren Schlußfolgerungen über derartig außergewöhnliche und gewaltige Gegenstände gewinnen. Allein in diesem kleinen Winkel der Welt gibt es vier Prinzipien, nämlich Vernunft, Instinkt, Zeugung und Wachstum, die einander ähnlich sind und ähnliche Wirkungen hervorrufen. Wie viele zusätzliche Prinzipien könnten wir ohne weiteres in dem in Ausdehnung und Vielgestaltigkeit unermeßlichen Universum vermuten, hätten wir die Möglichkeit, von Planet zu Planet und von System zu System zu reisen, um jeden Teil dieses gewaltigen Gebäudes zu untersuchen? Jedes der vier genannten Prinzipien (und hundert andere, die Gegenstand unserer Vermutungen sind) kann uns eine Theorie zur Entstehung der Welt liefern. Und es ist eine offenkundige und unglaubliche Voreingenommenheit, wenn wir unseren Blick vollkommen auf jenes Prinzip beschränken, nach dem unser eigener Geist funktioniert. Wäre dies Prinzip deshalb wenigstens verständlicher, so könnte solche Voreingenommenheit noch einigermaßen entschuldbar sein. Doch die Vernunft ist uns in ihrem inneren Aufbau und ihrer Struktur tatsächlich nicht besser bekannt, als es Instinkt oder Wachstum sind. Und vielleicht ist selbst jenes vage, unbestimmte Wort »Natur«, auf das die breite Masse alles zurückführt, im Grunde nicht schwerer erklärbar. Die Wirkungen dieser Prinzipien sind uns alle aus der Erfahrung bekannt; aber die Prinzipien selbst und ihre Wirkungs*weise* sind völlig unbekannt. Auch ist es nicht weniger verständlich oder mit der Erfahrung vereinbar, wenn man sagt, daß die Welt durch Wachstum aus einem Samen einer anderen Welt entstand, als wenn man sagt, daß sie (verstanden im Sinne von Cleanthes) aus göttlicher Vernunft oder Erfindung entstand.

Aber mir scheint, sagte Demea, wenn die Welt die Eigenschaften einer Pflanze hätte und die Samen neuer Welten in das unendliche Chaos streuen könnte, so würde diese Fähigkeit noch ein zusätzliches Argument für eine absichtsvolle Planung durch ihren Urheber darstellen. Denn woher könnte eine so erstaunliche Fähigkeit stammen, wenn nicht aus Planung? Oder wie kann Ordnung aus etwas entstehen, das diese Ordnung, die es verleiht, nicht selbst wahrnimmt?

Du brauchst dich nur umzusehen, erwiderte Philo, um dir diese Frage beantworten zu können. Ein Baum verleiht dem Baum, der aus ihm hervorgeht, Ordnung und Struktur – ohne von der Ordnung etwas zu wissen. Gleiches gilt für ein Tier und seine Jungen, für einen Vogel und sein Nest. Ja, Fälle dieser Art sind in der Welt häufiger als Fälle einer Ordnung, die aus Vernunft und Erfindung entsteht. Wer sagt, daß diese ganze Ordnung in Tieren und Pflanzen letzten Endes aus Planung hervorgeht, setzt voraus, was es zu beweisen gilt. Um dieses gewaltige Problem zu lösen, müßte man *a priori* zeigen können, daß Ordnung zum einen ihrer Natur nach untrennbar mit dem Denken verbunden ist und zum anderen niemals von selbst oder aufgrund unbekannter Urprinzipien der Materie innewohnen kann.

Doch außerdem, Demea, kann sich Cleanthes dieses Einwands, den du vorbringst, nie und nimmer bedienen, ohne damit auf einen Verteidigungszug zu verzichten, den er bereits gegen einen meiner Einwände gemacht hat. Als ich nach der Ursache jener höchsten Vernunft und Intelligenz fragte, auf die er alles zurückführt, entgegnete er, daß die Unmöglichkeit, auf derartige Fragen eine Antwort zu haben, in keinem einzigen Bereich der Phi-

losophie als Einwand gelten dürfe. »Irgendwo müssen
wir haltmachen«, sagt er, »und es liegt nicht im Bereich
menschlicher Fähigkeit, letzte Ursachen zu erklären oder
die letzten Verknüpfungen von irgend etwas zu erweisen. Es genügt, wenn die einzelnen Schritte unserer
Argumentation, soweit diese reicht, von Erfahrung und
Beobachtung getragen werden.« Daß uns nun Wachstum
und Zeugung, nicht weniger als Vernunft, in der Erfahrung als Ordnungsprinzipien der Natur begegnen, läßt
sich nicht leugnen. Wenn ich mein theoretisches System
der Weltentstehung lieber auf die beiden erstgenannten
als auf die letztere gründe, so steht das in meinem
Belieben. Die Sache erscheint als völlig willkürlich. Und
wenn Cleanthes mich fragt, was die Ursache *meines*
kosmischen Wachstums- oder Zeugungsvermögens ist,
so kann ich ihn mit demselben Recht nach der Ursache
seines kosmischen Vernunftprinzips fragen. Wir sind
übereingekommen, auf diese Fragen beiderseitig zu verzichten; und es liegt im gegenwärtigen Zusammenhang
vorwiegend in *seinem* Interesse, an dieser Übereinkunft
festzuhalten. Auf der Basis unserer begrenzten und
unvollkommenen Erfahrung gilt, daß das Prinzip der
Zeugung gegenüber dem der Vernunft sich im Vorteil
befindet. Denn wir sehen täglich, wie Vernunft durch
Zeugung entsteht, nie aber das Umgekehrte.
Vergleiche, ich bitte dich, auf beiden Seiten die Folgen.
Die Welt, sage ich, gleicht einem Tier; also ist sie ein
Tier; also entstand sie durch Zeugung. Die Schritte sind,
ich gestehe es, gewaltig. Und doch hat jeder von ihnen
einen gewissen, wenn auch geringen Anschein von Analogie für sich. Die Welt, sagt Cleanthes, gleicht einer
Maschine; also ist sie eine Maschine; also entstand sie
durch Planung. Hier sind die Schritte ebenso gewaltig,
und die Analogie ist weniger augenscheinlich. Und will
er *meine* Hypothese eine Stufe zurückverfolgen und aus
dem großen Entstehungsprinzip der Zeugung, auf das

ich mich berufe, auf eine vernünftige Planung schließen, so kann ich mit größerem Recht mir dieselbe Freiheit nehmen, hinter *seine* Hypothese zurückzugehen, und aus seinem Entstehungsprinzip der Vernunft auf eine göttliche Zeugung oder Abfolge von Göttern schließen. Auf meiner Seite liegt wenigstens ein schwacher Schatten von Erfahrung – das Äußerste, was sich in dieser Sache je erreichen läßt. In unzähligen Fällen beobachten wir, daß Vernunft durch Zeugung, doch in keinem Falle, daß sie auf andere Weise entsteht.

Hesiod und sämtliche Mythologen des Altertums fanden diese Analogie so augenfällig, daß sie den Ursprung der Natur ausnahmslos aus Geburt und Zeugung ableiteten. Auch Platon scheint, soweit er verständlich ist, in seinem *Timaios* eine derartige Vorstellung vertreten zu haben.

Die Brahmanen behaupten, daß die Welt aus einer unendlichen Spinne entstand, welche diese ganze verwikkelte Masse aus ihren Eingeweiden gesponnen hat und später das Ganze oder einen Teil des Ganzen vernichtet, indem sie es wieder in sich aufnimmt und in ihrem eigenen Wesen aufgehen läßt. Das ist eine Theorie der Weltentstehung, die uns lächerlich erscheint; denn eine Spinne ist ein kleines, verächtliches Tier, und wir sind nicht geneigt, seine Tätigkeit als Modell für das ganze Universum zu nehmen. Und doch handelt es sich hier um eine neue Form der Analogie, sogar im Bereich unseres Erdballs. Gäbe es einen Planeten, der ganz von Spinnen bewohnt ist (eine durchaus mögliche Annahme), so würde dieser Analogieschluß dort ebenso natürlich und unabweisbar erscheinen wie auf unserem Planeten die Argumentation von Cleanthes, die den Ursprung aller Dinge auf Planung und Vernunft zurückführt. Warum ein geordnetes System nicht so gut aus dem Bauch wie aus dem Gehirn hervorgesponnen werden kann, wird sich in befriedigender Form schwer begründen lassen.

Ich muß gestehen, Philo, erwiderte Cleanthes, daß du die Rolle, die du übernommen hast, Zweifel und Einwendungen zu erheben, von allen lebenden Menschen am besten ausfüllst; sie scheint für dich sozusagen natürlich und unausweichlich zu sein. So groß ist die Fruchtbarkeit deiner Erfindungsgabe, daß ich mich nicht schäme, wenn ich mich für unfähig erklären muß, solch ungewöhnliche Probleme, wie du sie fortwährend gegen mich vorbringst, auf der Stelle in stichhaltiger Form zu lösen, obgleich ich das Fehlerhafte und Irrige an ihnen auf einer allgemeinen Ebene deutlich sehe. Und für mich besteht kein Zweifel, daß du dich selbst im Augenblick in derselben Lage befindest und die Lösung nicht so nah bei der Hand hast wie den Einwand. Trotzdem muß dir doch klar sein, daß der gesunde Menschenverstand wie die Vernunft ganz und gar gegen dich sprechen und daß solche Phantastereien, wie du sie vorgetragen hast, uns zwar irritieren, aber niemals überzeugen können.

Teil 8

Was du der Fruchtbarkeit meiner Erfindungsgabe zuschreibst, entgegnete Philo, resultiert ganz und gar aus der Natur des Gegenstandes. Bei Gegenständen, die im engen Bereich der menschlichen Vernunft liegen, gibt es gewöhnlich nur eine einzige Lösung, der Wahrscheinlichkeit oder Überzeugungskraft zukommt; alle anderen Annahmen außer dieser einen erscheinen einer Person von gesundem Urteilsvermögen als vollkommen unsinnig und phantastisch. Doch in Fragen wie der vorliegenden können sich wohl hundert entgegengesetzte Auffassungen eine Art von unvollkommener Analogie erhalten; der Erfindungskraft sind hier keine Grenzen gesetzt. Ich glaube, ich könnte ohne große Denkanstrengung im nächsten Moment noch weitere Theorien der Weltentstehung vorschlagen, die irgendwie einen schwachen Anschein von Wahrheit hätten – obgleich die Wahrscheinlichkeit, daß entweder deine Theorie oder eine von meinen Theorien die wahre ist, sich eins zu eintausend oder zu einer Million verhält.

Angenommen etwa, ich würde die alte Hypothese Epikurs wiederaufleben lassen. Sie wird gemeinhin (und ich glaube, mit Recht) für die unsinnigste Theorie gehalten, die je aufgestellt wurde. Trotzdem bin ich nicht sicher, ob diese Hypothese nicht durch einige Änderungen dahin gebracht werden könnte, daß sie einen schwachen Anschein von Wahrscheinlichkeit gewinnt. Anstatt die Materie, wie Epikur es tat, als unendlich anzunehmen, wollen wir davon ausgehen, sie sei endlich. Eine endliche Anzahl von Teilchen ist nur einer endlichen Anzahl von Konstellationen fähig; und bei einer ewigen Dauer ist die Konsequenz, daß jede mögliche Anordnung oder Position unendlich oft vorkommen muß. Das bedeutet, daß diese Welt mit allem, selbst dem Geringfügigsten, was

sich in ihr ereignet, schon früher einmal entstanden und
vergangen ist und in Zukunft wieder entstehen und
vergehen wird – ohne Anfang und Ende. Niemand, der
von den Möglichkeiten des Unendlichen im Unterschied
zu denen des Endlichen einen Begriff hat, wird an dieser
Feststellung je zweifeln.

Doch das setzt voraus, sagte Demea, daß die Materie in
Bewegung gelangen kann ohne irgendeinen willentlichen
Antrieb oder ersten Beweger.

Und wo liegt die Schwierigkeit dieser Voraussetzung?
erwiderte Philo. Jedes Ereignis ist gleichermaßen problematisch und unbegreiflich – bevor man von ihm Erfahrung besitzt; und jedes Ereignis ist gleichermaßen einfach
und verständlich – nachdem man die entsprechende
Erfahrung gemacht hat. In vielen Fällen entsteht Bewegung in der Materie (etwa durch Schwerkraft, Elastizität
oder Elektrizität), ohne daß irgendein willentlicher
Antrieb ersichtlich wäre. Und in allen diesen Fällen von
einem *unbekannten* willentlichen Antrieb auszugehen,
läuft auf eine bloße Annahme hinaus, und zwar eine
Annahme, die keinerlei Vorteile bietet. Die Entstehung
von Bewegung in der Materie selbst ist *a priori* ebensogut
denkbar wie ihr Ausgang von Geist und Intelligenz.

Außerdem, warum könnte sich nicht Bewegung alle
Ewigkeit hindurch über Impulse fortgepflanzt haben und
dasselbe (oder nahezu dasselbe) Quantum von Bewegung
noch immer im Universum vorhanden sein? Was bei ihr
durch Verbindung verlorengeht, das wird durch Auflösung wiedergewonnen. Gleichgültig, was die Ursachen
hierfür sein mögen, die Tatsache ist gewiß, daß die
Materie, soweit menschliche Erfahrung oder Überlieferung reicht, jetzt wie immer schon in permanenter Bewegung ist. Wahrscheinlich gibt es derzeit im ganzen Universum kein einziges Teilchen, das sich im Zustand
absoluter Ruhe befindet.

Und ebendiese Betrachtung, fuhr Philo fort, auf die wir

im Verlauf unserer Erörterung gestoßen sind, ist es auch, die an eine neue Hypothese der Weltentstehung denken läßt, welche nicht vollkommen absurd und unwahrscheinlich ist. Kann es ein System, eine Ordnung, eine Organisation der Dinge geben, wonach die Materie jene dauernde Bewegung, die ihr innezuwohnen scheint, beibehält und doch in den Formen, die sie hervorbringt, Beständigkeit wahrt? Ganz gewiß ist eine solche Organisation möglich; denn in unserer gegenwärtigen Welt ist diese Voraussetzung tatsächlich verwirklicht. Die permanente Bewegung der Materie muß somit in weniger als unendlich vielen Konstellationen diese Organisation oder Ordnung hervorbringen. Und diese Ordnung, einmal vorhanden, erhält sich aus sich selbst heraus für lange Zeit, wenn nicht für alle Ewigkeit, aufrecht. Doch überall dort, wo die Materie ein solches Maß an Gleichgewicht, Ordnung und Anpassung zeigt, daß sie in dauernder Bewegung bleibt und trotzdem in ihren Formen Beständigkeit wahrt, da muß ihr Zustand notwendig genau jenen Anschein von Kunstfertigkeit und planvoller Erfindung bieten, den wir gegenwärtig beobachten. Sämtliche Teile jeder ihrer Formen müssen aufeinander und auf das betreffende Ganze bezogen sein. Das Ganze seinerseits muß auf die anderen Teile des Universums bezogen sein: auf das Element, dem die betreffende Form anhaftet; auf die Mittel, mit denen dieses Ganze seinen Verschleiß und Verfall wieder ausgleicht; und auf jede der anderen Formen, die ihm feindlich oder freundlich entgegentreten. Ein Mangel in nur einem dieser Punkte zerstört die Form; und die Materie, aus der die Form besteht, wird wieder freigesetzt und verfällt in unregelmäßige Bewegung und Unruhe, bis sie sich wieder zu einer neuen regelmäßigen Form verbindet. Steht ihr keine derartige Form zur Verfügung und gibt es eine große Menge dieser auseinandergefallenen Materie im Universum, so gerät das Universum selbst in völlige

Unordnung. Dabei spielt es keine Rolle, ob es sich bei dem Universum, das in dieser Weise zerfällt, um den schwachen Keim einer Welt in ihren ersten Anfängen oder um den vermodernden Kadaver einer Welt, die in Alter und Schwäche dahinsiecht, handelt. In jedem Fall ist ein Chaos die Folge – solange, bis endliche, wenngleich unzählige Umwandlungen schließlich doch wieder Formen hervorbringen, deren Bestandteile so aufeinander abgestimmt sind, daß die Formen auch unter einem permanenten Wandel der Materie konstant bleiben.

Versuchen wir einmal, die Sache noch anders auszudrücken, und nehmen wir an, die Materie würde durch eine blinde, ziellose Kraft in irgendeinen Zustand versetzt. Dann liegt es auf der Hand, daß dieser Anfangszustand in aller Wahrscheinlichkeit so verworren und ungeordnet sein muß, wie man sich nur vorstellen kann, und daß er keine Ähnlichkeit mit jenen Werken menschlicher Erfindung aufweist, die neben einer symmetrischen Anordnung der einzelnen Teile eine Mittel-Zweck-Anpassung sowie eine Tendenz zur Selbsterhaltung erkennen lassen. Wenn die genannte Antriebskraft danach ihre Wirkung verliert, so muß die Materie für immer in Unordnung verharren und als unermeßliches Chaos, ohne Gleichmaß oder Tätigkeit, fortdauern. Angenommen jedoch, daß die Antriebskraft, wie immer sie beschaffen sein mag, in der Materie fortwirkt, so wird der Anfangszustand sogleich einem zweiten Zustand Platz machen, der in aller Wahrscheinlichkeit so ungeordnet sein wird wie der erste – und so fort durch eine lange Serie von Veränderungen und Umwandlungen. Keine einzige Ordnung oder Formation bleibt je für einen Augenblick konstant. Die ursprüngliche Kraft, die weiter wirksam bleibt, verleiht der Materie eine permanente Ruhelosigkeit. Jede mögliche Formation wird erzeugt und sogleich wieder zerstört. Wenn für einen Augenblick ein Schimmer oder Strahl von Ordnung aufscheint, wird er durch jene ständig wirkende Kraft, die jeden Teil der Materie in Bewegung hält, sogleich vertrieben und ausgelöscht.

So verbleibt das Universum über lange Zeiträume in einer kontinuierlichen Folge von Chaos und Unordnung. Aber ist es nicht möglich, daß es sich schließlich stabilisiert; daß es darauf zwar seine Bewegung und Antriebskraft nicht verliert (denn diese ist ihm nach unserer Voraussetzung wesensmäßig eigen), trotzdem aber inmitten der ständigen Bewegung und Fluktuation seiner Teile eine Gleichförmigkeit der Erscheinung bewahrt? – In diesem Zustand finden wir das Universum gegenwärtig. Jedes einzelne Ding sowie jedes seiner Teile unterliegen einem ständigen Wandel; und doch weist das Ganze ein stabiles Erscheinungsbild auf. Darf man nicht eine solche Konstellation erhoffen oder vielmehr mit Sicherheit erwarten, wenn man von den ewigen Umwandlungen einer ziellosen Materie ausgeht? Und kann man nicht auf diese Weise den Anschein von Weisheit und Planung, wie ihn das Universum bietet, erklären? Wenn wir die Sache etwas näher betrachten, so werden wir finden, daß diese innerhalb der Materie zustande gekommene Kombination von einer scheinbaren Stabilität in den Formen mit einer tatsächlichen und permanenten Umwandlung oder Bewegung der einzelnen Teile eine plausible, wenn nicht gar eine zutreffende Lösung des Problems darstellt.

Es ist deshalb müßig, immer wieder auf die Nützlichkeit der einzelnen Teile bei Tieren oder Pflanzen sowie auf ihre erstaunliche Anpassung aneinander hinzuweisen. Ich möchte gern wissen, wie ein Lebewesen existieren könnte, wenn seine Teile nicht in dieser Weise einander angepaßt wären. Finden wir nicht, daß es sogleich eingeht, wenn diese Anpassung aufhört, und daß die auseinanderfallende Materie irgendeine neue Form erprobt? Es kommt in der Tat vor, daß die Teile der Welt so gut aufeinander abgestimmt sind, daß irgendeine regelmä-

ßige Form diese auseinandergefallene Materie sogleich
wieder aufnimmt. Und könnte die Welt bestehen, wenn
es anders wäre? Müßte sie sich nicht genau wie das
Lebewesen auflösen und neue Formationen und
Zustände durchlaufen – bis sie nach einer langen, aber
endlichen Serie schließlich in die gegenwärtige oder eine
ähnliche Ordnung übergeht?

Es ist gut, entgegnete Cleanthes, daß du uns wissen
ließest, daß diese Hypothese dir unvermittelt, im Laufe
deiner Argumentation eingefallen ist. Hättest du sie in
Ruhe prüfen können, so würdest du die unüberwindlichen Einwände, denen sie ausgesetzt ist, bald bemerkt
haben. Keine Form, sagst du, kann bestehen, wenn sie
nicht jene Kräfte und Bestandteile besitzt, die zu ihrer
Erhaltung erforderlich sind; es muß immer wieder und
ohne Unterlaß eine neue Ordnung oder Organisation
erprobt werden, bis schließlich eine Ordnung erreicht
ist, die sich selbst stützen und erhalten kann. Doch
woher kommen nach dieser Hypothese die vielen
Zuträglichkeiten und Vorteile, welche die Menschen und
sämtliche Tiere besitzen? Zwei Augen, zwei Ohren sind
nicht unbedingt erforderlich für die Erhaltung der Art.
Das menschliche Geschlecht könnte sich auch ohne
Pferde, Hunde, Kühe, Schafe und ohne jene unzähligen
Früchte und Erzeugnisse, die uns Befriedigung und
Genuß verschaffen, fortgepflanzt und erhalten haben.
Wenn keine Kamele zum Gebrauch des Menschen in den
Sandwüsten Afrikas und Arabiens erschaffen worden
wären, wäre die Welt dann untergegangen? Wenn kein
Magnetstein erfunden worden wäre, um der Nadel jene
wunderbare und nützliche Richtung zu geben, hätte das
die menschliche Gesellschaft und die menschliche Gat-
tung sogleich vernichtet? Obschon die Natur im allgemeinen durchaus Maximen der Sparsamkeit folgt, sind
Fälle dieser Art doch keineswegs selten. Und jeder einzelne von ihnen ist ein hinreichender Beweis dafür, daß

ein Plan, und zwar ein wohlwollender Plan, die Ordnung und Organisation des Universums entstehen ließ.

Du darfst zwar ruhig schließen, sagte Philo, daß die obige Hypothese insoweit unvollständig und unvollkommen ist, was ich auch ohne weiteres zugeben will. Aber können wir bei irgendwelchen Erklärungen dieser Art vernünftigerweise je einen größeren Erfolg erwarten? Können wir je ein theoretisches System der Weltentstehung zu errichten hoffen, das keinen Ausnahmen unterliegt und das kein Element enthält, das unserer begrenzten und unvollkommenen Erfahrung von der Analogie, welche die Natur bietet, widerspricht? Deine eigene Theorie kann mit Sicherheit keinen solchen Vorzug für sich in Anspruch nehmen, obwohl du in den Anthropomorphismus geflüchtet bist, um auf diese Weise besser in Übereinstimmung mit der gewöhnlichen Erfahrung zu bleiben. Wir wollen diese Theorie noch einmal überprüfen. In allen Fällen, die uns je bekannt wurden, sind Vorstellungen Abbilder von wirklichen Gegenständen; sie sind Ektypen und nicht Archetypen, um mich gelehrt auszudrücken. Du aber kehrst diese Ordnung um und gibst dem Denken den Vorrang. In allen Fällen, die uns je bekannt wurden, hat das Denken auf die Materie keinen Einfluß, außer wo beide so eng miteinander verknüpft sind, daß die Materie in gleicher Weise auf das Denken einwirkt. Kein Lebewesen kann unmittelbar etwas anderes bewegen als die Glieder seines eigenen Körpers. Ja, die Ausgewogenheit von Wirkung und Gegenwirkung scheint ein allgemeines Naturgesetz zu sein. Deine Theorie jedoch steht in Widerspruch zu dieser Erfahrung. Jene Beispiele und viele andere, die man leicht zusammenstellen könnte – insbesondere aber die Annahme eines Geistes oder Denksystems, das ewig ist, mit anderen Worten eines von Zeugung und Tod unberührten Lebewesens –, diese Beispiele, sage ich, dürften einen jeden von uns, wenn es ums gegenseitige Verurteilen geht, Zurückhaltung lehren. Sie lassen uns erkennen, daß zum einen kein System dieser Art je aufgrund einer nur schwachen Analogie akzeptiert, zum anderen aber auch keines aufgrund eines nur geringfügigen Mißverhältnisses abgelehnt werden sollte. Denn hier handelt es sich um einen Mangel, von dem wir kein einziges System zu Recht freisprechen können.

Zugegebenermaßen sind alle religiösen Systeme großen und unüberwindlichen Schwierigkeiten ausgesetzt. An jeden der Streitenden kommt die Reihe zu triumphieren, nämlich wenn er sich in der Offensive befindet und die widersinnigen, grobschlächtigen und fatalen Auffassungen seines Gegners bloßstellt. Doch sie alle zusammen bereiten aufs Ganze gesehen den Boden für einen vollständigen Triumph des Skeptikers: Er behauptet, daß man sich in diesen Bereichen überhaupt keinem System anschließen sollte, aus dem einfachen Grunde, weil man in keinem Fall einer unsinnigen These zustimmen darf. Eine vollständige Enthaltung des Urteils ist hier unser einziger vernünftiger Ausweg. Und wenn im theologischen Bereich, wie man gewöhnlich beobachten kann, immer der Angriff und nie die Verteidigung von Erfolg gekrönt ist, wie total muß dann der Sieg desjenigen ausfallen, der stets, gegenüber jedermann, in der Offensive bleibt und selber keine feste Position oder Wohnstätte hat, die er bei irgendeiner Gelegenheit je verteidigen müßte.

Teil 9

Aber wenn der *a posteriori*-Beweis mit so vielen Schwierigkeiten verbunden ist, sagte Demea, würden wir uns dann nicht besser an jenen einfachen und erhabenen *a priori*-Beweis halten, der uns eine mustergültige Demonstration liefert und so alle Zweifel und Schwierigkeiten mit einem Schlage beseitigt? Durch diesen Beweis können wir außerdem die *Unendlichkeit* der göttlichen Attribute dartun, die, so fürchte ich, sich auf keinerlei andere Weise mit Gewißheit erkennen läßt. Denn wie kann eine Wirkung, die entweder endlich ist oder es doch (nach allem, was wir wissen) sein mag, Beweis für eine unendliche Ursache sein? Auch ist es sehr schwierig, wenn nicht ganz unmöglich, die *Einheit* des göttlichen Wesens lediglich aus einer Betrachtung der Werke der Natur abzuleiten; die Einheitlichkeit des Weltplanes, selbst wenn man sie zugesteht, reicht nicht aus, um uns dieser Eigenschaft zu versichern. Der Beweis *a priori* hingegen...

Du scheinst mir in der Weise zu argumentieren, unterbrach ihn Cleanthes, als ob diese Vorteile und Erleichterungen, die der abstrakte Beweis bietet, eine ausreichende Legitimation für seine Stichhaltigkeit wären. Meiner Meinung nach müssen wir jedoch zunächst einmal präzisieren, auf welchen Beweis dieser Art du dich hier stützen willst. Danach wollen wir dann – von dem Beweis selbst und nicht von seinen nützlichen Folgen her – zu entscheiden versuchen, welchen Wert wir ihm beizumessen haben.

Der Beweis, erwiderte Demea, den ich verfechten möchte, ist der ganz gewöhnliche: Alles, was existiert, muß eine Ursache oder einen Grund für seine Existenz haben. Denn es ist absolut unmöglich, daß irgend etwas sich selbst hervorbringt oder die Ursache seiner eigenen

Existenz ist. Wir müssen deshalb bei unserer Zurückführung von Wirkungen auf Ursachen entweder einer unendlichen Folge nachgehen, ohne irgendeine letzte Ursache zu erreichen; oder wir müssen am Ende bei irgendeiner letzten Ursache unsere Zuflucht nehmen, die *notwendig* existiert. Daß die erste Alternative absurd ist, läßt sich nun folgendermaßen beweisen. In der unendlichen Serie oder Abfolge von Ursachen und Wirkungen wird jede einzelne Wirkung in ihrer Existenz durch die Wirkungskraft jener Ursache bestimmt, die ihr unmittelbar vorausgeht. Dagegen wird die gesamte ewige Kette oder Abfolge zusammengenommen durch nichts bestimmt oder verursacht. Und doch liegt es auf der Hand, daß sie einer Ursache oder eines Grundes nicht weniger bedarf als jedes Einzelding, das in der Zeit zu existieren beginnt. Die Frage »Warum existiert diese spezielle Abfolge von Ursachen von Ewigkeit her und warum nicht eine andere oder gar keine?« bleibt nach wie vor vernünftig. Falls es kein notwendig existierendes Wesen gibt, ist jede Hypothese, die sich bilden läßt, gleichermaßen möglich; und daß von Ewigkeit her nichts existiert hätte, enthält unter dieser Voraussetzung keine größere Absurdität als jene Abfolge von Ursachen, die tatsächlich das Universum ausmacht. Was war es denn dann, das dazu führte, daß etwas und nicht nichts existiert, und das eine bestimmte Möglichkeit, unter Ausschluß der übrigen Möglichkeiten, zur Verwirklichung brachte? Externe Ursachen gibt es voraussetzungsgemäß nicht. »Zufall« ist ein Wort ohne Sinn. War es das Nichts? Doch das kann niemals etwas hervorbringen. Wir müssen deshalb zu einem notwendig existierenden Wesen unsere Zuflucht nehmen, das den *Grund* seiner Existenz in sich selbst trägt und dessen Nichtexistenz sich ohne einen ausdrücklichen Widerspruch nicht annehmen läßt. Folglich gibt es ein solches Wesen; das heißt, es gibt eine Gottheit.

Obgleich ich weiß, sagte Cleanthes, daß es Philos Lieb-lingsbeschäftigung ist, Einwendungen zu erheben, werde ich es nicht ihm überlassen, die Schwäche dieser meta-physischen Beweisführung aufzuzeigen. Sie erscheint mir als so offensichtlich unbegründet und gleichzeitig als für das Anliegen wahrer Frömmigkeit und Religion so bedeutungslos, daß ich selbst versuchen will, sie als fehlerhaft zu erweisen.

Ich will beginnen mit der Bemerkung, daß in dem Anspruch, eine Tatsache zu demonstrieren oder durch irgendwelche *a priori*-Argumente zu beweisen, eine offenkundige Absurdität liegt. Nichts läßt sich demon-strieren, dessen Gegenteil nicht einen logischen Wider-spruch enthält. Nichts, was sich in deutlicher Form denken läßt, enthält einen logischen Widerspruch. Was immer wir als existent denken, das können wir auch als nichtexistent denken. Also gibt es kein Wesen, dessen Nichtexistenz einen logischen Widerspruch enthält. Folglich gibt es kein Wesen, dessen Existenz sich demon-strieren läßt. Nach meiner Auffassung ist dieses Argu-ment zwingend, und ich bin willens, die ganze Kontro-verse darauf abzustellen.

Man behauptet, die Gottheit sei ein notwendig existie-rendes Wesen, und sucht diese Notwendigkeit ihrer Exi-stenz wie folgt zu erklären: Wenn uns ihr Wesen oder ihre Natur vollständig bekannt wäre, dann würden wir ihre Nichtexistenz als ebenso unmöglich erkennen wie wir es als unmöglich erkennen, daß zweimal zwei nicht vier ist. Aber es liegt auf der Hand, daß dies niemals der Fall sein kann, solange unsere Fähigkeiten sich nicht wandeln. Es wird uns immer möglich sein, etwas, das wir zunächst als existent dachten, dann doch als nichtexi-stent zu denken. Und der Geist ist niemals in der Weise gezwungen, von irgendeinem Gegenstand anzunehmen, er werde stets existent bleiben, in der wir gezwungen sind, immer daran festzuhalten, daß zweimal zwei vier ist. Der Ausdruck »notwendige Existenz« besitzt deshalb keinen Sinn oder, was auf dasselbe hinausläuft, keinen, der nicht in sich widersprüchlich wäre.

Aber weiter: Warum könnte nach dem hier vorausgesetzten Verständnis von Notwendigkeit nicht das materielle Universum jenes notwendig existierende Wesen sein? Wir können nicht zu behaupten wagen, sämtliche Eigenschaften der Materie zu kennen. Nach allem, was wir ausmachen können, mag sie einige Eigenschaften enthalten, die, falls bekannt, ihre Nichtexistenz als ebenso widersprüchlich erscheinen ließen wie die Annahme, daß zweimal zwei fünf ist. Mir ist nur ein einziges Argument begegnet, das beweisen soll, daß die materielle Welt nicht das notwendig existierende Wesen ist; und dieses Argument leitet sich aus der Kontingenz der Welt in Substanz und Form her. »Jedes Materieteilchen«, so wird gesagt[8], »kann man sich als vernichtet und jede Form als gewandelt denken. Eine solche Vernichtung oder Wandlung ist deshalb nicht unmöglich.« Es scheint aber eine große Voreingenommenheit, nicht zu sehen, daß sich dasselbe Argument gleicherweise auf die Gottheit übertragen läßt, soweit wir überhaupt eine Vorstellung von ihr haben; und daß der Geist zumindest den Gedanken fassen kann, sie sei nichtexistent oder ihre Attribute wandelten sich. Es müßte sich um irgendwelche unbekannten, unfaßbaren Eigenschaften handeln, die ihre Nichtexistenz als unmöglich oder ihre Attribute als unwandelbar erscheinen lassen könnten. Und es läßt sich kein Grund angeben, warum diese Eigenschaften dann nicht auch der Materie zukommen könnten. Da sie ganz und gar unbekannt und unfaßbar sind, kann man nie beweisen, daß sie sich mit der Materie nicht vereinbaren lassen.

Es kommt hinzu, daß es, wenn man eine ewige Abfolge

8 Samuel Clarke.

von Gegenständen verfolgt, als absurd erscheint, nach einer allgemeinen Ursache oder einem ersten Urheber zu suchen. Wie kann irgend etwas, das von Ewigkeit her existiert, eine Ursache haben, wo doch die Ursache-Wirkung-Beziehung eine zeitliche Priorität und einen Beginn der Existenz einschließt?

In einer solchen Kette oder Abfolge von Gegenständen ist außerdem jedes Glied die Wirkung seines Vorgängers und die Ursache seines Nachfolgers. Wo liegt also das Problem? Aber das *Ganze*, sagst du, bedarf einer Ursache. Meine Antwort lautet: Die Verbindung dieser Teile zu einem Ganzen wird – ähnlich wie die Vereinigung von mehreren verschiedenen Grafschaften zu einem Königreich oder von mehreren verschiedenen Gliedern zu einem Körper – bloß durch einen willkürlichen Akt des Geistes vorgenommen und hat keinen Einfluß auf die Natur der Dinge. Wenn ich dir die jeweiligen Ursachen für jeden einzelnen Gegenstand in einer Klasse von zwanzig Gegenständen gezeigt habe, so würde mir die weitere Frage nach der Ursache der gesamten Klasse als sehr unvernünftig erscheinen. Die zwanzig Gegenstände sind hinreichend erklärt mit der Erklärung jedes einzelnen von ihnen.

Obgleich die Argumente, Cleanthes, die du vorgetragen hast, mich der Verpflichtung, weitere Probleme aufzuwerfen, entheben dürften, sagte Philo, kann ich doch nicht umhin, noch einen anderen Gesichtspunkt zur Geltung zu bringen. In der Arithmetik hat man bemerkt, daß die Quersumme eines Vielfachen von 9 wiederum 9 oder ein kleineres Vielfaches von 9 ergibt. So ergibt sich etwa aus 18, 27 und 36, also aus Vielfachen von 9, durch Addition von 1 und 8, 2 und 7 bzw. 3 und 6 wiederum 9. Und aus 369, ebenfalls einem Vielfachen von 9, ergibt sich durch Addition von 3, 6 und 9 die Zahl 18, ein gegenüber 369 kleineres Vielfaches von 9.[9] Vielleicht

9 *République des Lettres*, August 1685 [September 1685].

wird ein oberflächlicher Betrachter eine so erstaunliche Regelmäßigkeit als zufälliges oder auch absichtliches Ergebnis bewundern. Doch ein versierter Mathematiker kommt sogleich zu dem Schluß, daß diese Regelmäßigkeit auf Notwendigkeit beruht, und beweist, daß sie für alle Zeiten aus der Natur dieser Zahlen resultieren muß. Ist es nicht wahrscheinlich, so frage ich, daß die gesamte Organisation des Universums einer ähnlichen Notwendigkeit unterliegt, obschon hier keine menschliche Arithmetik den Schlüssel liefern kann, der das Problem löst? Und würden wir, wenn wir in das innerste Wesen der Körperwelt eindringen könnten, nicht möglicherweise, anstatt die Ordnung der natürlichen Dinge zu bewundern, deutlich sehen, warum diese unter gar keinen Umständen jemals eine andere Formation bilden können? So gefährlich ist es, diesen Begriff der Notwendigkeit in die vorliegende Problematik einzuführen! So zwanglos führt er nämlich in eine Schlußfolgerung, die der religiösen Hypothese direkt entgegengesetzt ist.

Doch lassen wir diese abstrakten Überlegungen, fuhr Philo fort, und beschränken wir uns auf Gesichtspunkte alltäglicherer Natur. Ich möchte die Bemerkung wagen, daß der *a priori*-Beweis selten große Überzeugungskraft entfaltet hat – außer bei metaphysischen Köpfen, die an abstrakte Gedankengänge gewöhnt sind und die die Denkweise der Mathematik, in der der Verstand oft durch Dunkelheit hindurch und gegen den ersten Anschein zur Wahrheit führt, auf Gegenstände übertragen haben, wo sie fehl am Platz ist. Andere Individuen, selbst solche von gutem Denkvermögen und starker religiöser Disposition, empfinden in derartigen Beweisen stets einen gewissen Mangel, obschon sie vielleicht nicht in der Lage sind, genau zu erklären, worin er liegt. Ein sicheres Anzeichen, daß die Menschen ihre Religion stets aus anderen Quellen als dieser Art von Argumentation geschöpft haben und schöpfen werden!

Teil 10

Nach meiner Ansicht, ich gestehe es, erwiderte Demea, fühlt jeder Mensch gewissermaßen die Wahrheit der Religion in seiner eigenen Brust. Es ist das Bewußtsein seiner Schwäche und seines Elends und nicht irgendein Argument, das ihn dazu bringt, bei jenem Wesen, von dem er selbst ebenso wie die ganze Natur abhängt, Schutz zu suchen. So beängstigend oder doch so aufreibend sind selbst die günstigsten Lebensumstände, daß die Zukunft der Gegenstand all unserer Hoffnungen und Befürchtungen bleibt. Unaufhörlich blicken wir in die Zukunft und suchen durch Bitten, Anbetung und Opfer jene unbekannten Mächte zu besänftigen, die uns, wie die Erfahrung zeigt, so sehr quälen und tyrannisieren können. Erbärmliche Geschöpfe, die wir sind! Welche Zuflucht fänden wir inmitten der unzähligen Übel des Lebens, gäbe es nicht die Religion, die uns einige Wege der Erlösung zeigt und die Schrecken lindert, von denen wir ununterbrochen erregt und gepeinigt werden?

Ich bin in der Tat überzeugt, sagte Philo, daß die beste, ja die einzige Methode, jedermann zu einer angemessenen religiösen Einstellung zu bringen, in einer zutreffenden Darstellung des Elends und der Bosheit der Menschen liegt. Und für diesen Zweck ist ein Talent zu eloquentem und bilderreichem Ausdruck wichtiger als ein Talent zu rationaler Erwägung und Argumentation. Denn muß man etwas beweisen, das jeder in seinem Innern fühlt? Es kommt lediglich darauf an, diesem Gefühl, wenn möglich, mehr Tiefe und Intensität zu verleihen.

Die Leute, entgegnete Demea, sind von dieser gewaltigen und traurigen Wahrheit allerdings hinreichend überzeugt. Das Elend des Lebens, das Unglück des Menschen, die allgemeinen Entartungen unserer Natur, der doch unbefriedigende Genuß von Vergnügungen, Reichtümern und Ehren: diese Wendungen sind in allen Zungen fast sprichwörtlich geworden. Und wer kann bezweifeln, was alle Menschen aus eigenem, unmittelbarem Gefühl und Erleben heraus kundtun?

In diesem Punkt, sagte Philo, stimmen Gebildete und Ungebildete vollkommen überein. In der gesamten (geistlichen wie weltlichen) Literatur wird der Gegenstand des menschlichen Elends mit dem beredtesten Pathos behandelt, das Kummer und Trübsinn einzugeben vermögen. Bei den Dichtern, die in unsystematischer Form aus ihrem Gefühl heraus reden und deren Zeugnis deshalb um so mehr Gewicht hat, wimmelt es von Darstellungen dieser Art. Von Homer bis hin zu Edward Young ist sich die gesamte inspirierte Zunft stets dessen bewußt gewesen, daß keine andere Darstellung der Dinge dem Gefühl und der Beobachtung jedes einzelnen Menschen entspricht.

Nach Bestätigungen hierfür, erwiderte Demea, braucht man wirklich nicht zu suchen. Sieh dich hier in der Bibliothek von Cleanthes um. Ich möchte zu behaupten wagen, daß abgesehen von Autoren in den Einzelwissenschaften (wie Chemie oder Botanik), für die kein Anlaß besteht, über das menschliche Leben zu schreiben, unter diesen zahllosen Schriftstellern kaum einer ist, dem das Bewußtsein des menschlichen Elends nicht in der einen oder anderen Passage seines Werkes ein klagevolles Eingeständnis dieses Elends abgenötigt hätte. Jedenfalls spricht alles für diese Annahme; und kein einziger Schriftsteller ist, soweit ich mich erinnern kann, jemals so weit gegangen, das menschliche Elend zu leugnen.

Verzeih mir, sagte Philo, Leibniz *hat* es geleugnet. Vielleicht war er der erste, der sich auf eine so kühne und paradoxe Meinung einließ[10] – zumindest der erste, der sie

10 Diese Meinung ist zwar schon vor Leibniz von William King und einigen wenigen anderen vertreten worden; doch keiner von ihnen war so berühmt wie dieser deutsche Philosoph.

in den Mittelpunkt seines philosophischen Systems stellte.

Aber hätte er nicht, antwortete Demea, gerade weil er der erste war, seinen Irrtum erkennen können? Dies ist doch kein Gegenstand, wo Philosophen Entdeckungen erwarten dürfen, insbesondere in einem so späten Zeitalter. Kann irgend jemand hoffen, durch einfaches Abstreiten (denn einen Beweisgang läßt die Sache kaum zu) das einmütige Zeugnis aller Menschen, das sich auf äußere und innere Wahrnehmung stützt, zu überwinden?

Und warum sollte der Mensch, fügte er hinzu, sich anmaßen dürfen, vom Schicksal aller anderen Lebewesen ausgenommen zu sein? Glaub mir, Philo, die ganze Erde ist verflucht und verdorben. Unter allen lebenden Geschöpfen ist ein ständiger Krieg entbrannt. Not, Hunger und Entbehrung stimulieren die Starken und Mutigen; Furcht, Angst und Schrecken erschüttern die Schwachen und Kraftlosen. Der erste Eintritt ins Leben ist für das Neugeborene und seine bedauernswerte Mutter mit Qualen verbunden. Schwäche, Ohnmacht und Schmerz begleiten jeden Abschnitt dieses Lebens; und es endet schließlich in Todeskampf und Schrecken.

Beachte ferner, sagte Philo, die erstaunlichen Vorkehrungen, welche die Natur ergreift, um jedem lebenden Wesen das Leben zu erschweren. Die Stärkeren machen Jagd auf die Schwächeren und halten sie ständig in Angst und Schrecken. Die Schwächeren ihrerseits verfolgen häufig die Stärkeren und sind ihnen eine dauernde Plage und Belästigung. Betrachte jene zahllosen Insekten, die sich auf dem Körper jedes Tieres angesiedelt haben oder die um die Tiere herumfliegen und ihren Stachel in sie bohren. Diese Insekten haben andere, noch kleiner als sie selbst, die *sie* quälen. Und so ist jedes Lebewesen auf allen Seiten, vorn und hinten, oben und unten von Feinden umgeben, die unablässig sein Elend und seine Vernichtung suchen.

Allein der Mensch, sagte Demea, scheint zum Teil eine
Ausnahme von dieser Regel zu bilden. Denn durch
Zusammenschluß mit seinesgleichen kann er über
Löwen, Tiger und Bären, deren größere Stärke und
Beweglichkeit ihn von Natur aus zu ihrer Beute macht,
leicht Herr werden.

Ganz im Gegenteil, rief Philo, gerade hier tritt die ein-
förmige und gleichartige Verfahrensweise der Natur am
deutlichsten zutage. Der Mensch kann zwar durch
Zusammenschluß alle seine *wirklichen* Feinde überwinden und sich zum Herrn der ganzen lebenden Schöpfung
machen. Aber baut er sich nicht alsbald *eingebildete*
Feinde auf, Dämonen seiner Phantasie, die ihm abergläu-
bischen Schrecken einjagen und jede Freude am Leben
zerstören? Was ihm Vergnügen bereitet, wird, so bildet
er sich ein, in ihren Augen zum Verbrechen. Seine
Ernährung und Erholung erregen bei ihnen Anstoß und
Ärgernis. Sogar sein Schlaf und seine Träume geben
seiner Sorge und Furcht neue Nahrung. Und selbst der
Tod, seine Zuflucht vor allen anderen Übeln, bedeutet
ihm nur das Grauen vor Leiden, die weder Zahl noch
Ende haben. Der Wolf ist für die furchtsame Herde keine
größere Plage als der Aberglaube für die angstvolle Brust
der elenden Sterblichen.

Außerdem, Demea, betrachte ebendiese Gesellschaft,
wodurch wir jene wilden Tiere, unsere natürlichen
Feinde, überwinden: Wieviele neue Feinde läßt sie uns
nicht entstehen! Welches Leid und Elend bringt sie
mit sich! Der Mensch ist der größte Feind des Menschen. Unterdrückung, Ungerechtigkeit, Verachtung,
Schmach, Gewaltanwendung, Aufruhr, Krieg, Verleum-
dung, Verrat, Betrug: so quälen sie sich gegenseitig. Und
sie würden jene Gesellschaft, die sie gebildet haben,
schon bald wieder auflösen, wäre da nicht die Furcht vor
noch größeren Übeln, mit denen diese Auflösung notwendig verbunden ist.

Aber obschon diese Angriffe von außen, sagte Demea, nämlich von Tieren, Menschen und sämtlichen Elementen, die uns bedrängen, einen schrecklichen Katalog von Leiden ergeben, so sind sie doch nichts im Vergleich mit jenen Leiden, die in uns selbst entstehen, nämlich aufgrund der gestörten Verfassung unseres Geistes und unseres Körpers. Wie viele Menschen unterliegen der schleichenden Qual von Krankheiten! Vernehmt die von Pathos erfüllte Aufzählung des großen Dichters:

Stein und Geschwüre in den Eingeweiden,
Koliken, Raserei, trübselige Schwermut,
Mondsüchtiger Wahnsinn, Harm und Auszehrung,
Schwindsucht und weitverheerende Pest.
Schreckliches Wälzen, tiefes Stöhnen:
Verzweiflung treibt die Kranken ruhelos von Bett zu
Bett.
Der Tod schwingt triumphierend seinen Speer,
Doch zögert er noch mit dem Wurf, obzwar
Als höchstes Gut und letzte Hoffnung man ihn
anruft.[11]

Die Übel des Geistes, fuhr Demea fort, obgleich nicht so auffällig, sind vielleicht nicht weniger traurig und unangenehm. Gewissensbisse, Scham, Qual, Wut, Enttäuschung, Sorge, Furcht, Niedergeschlagenheit, Verzweiflung: Wer ist je ohne grausame Attacken dieser Plagegeister durchs Leben gegangen? Wie viele haben kaum jemals bessere Empfindungen gekannt! Arbeit und Armut, die jedermann so verabscheut, sind das sichere Los der ganz überwiegenden Mehrheit. Und die wenigen Privilegierten, die Behaglichkeit und Wohlstand genießen, erreichen niemals Zufriedenheit oder wahres Glück. Alle Güter des Lebens zusammengenommen würden

11 John Milton, *Paradise Lost* XI, 484–492.

einen Menschen nicht sehr glücklich, alle Übel zusammengenommen ihn jedoch erbärmlich unglücklich machen. Und fast ein einziges dieser Übel (und wer kann von ihnen allen frei sein?), ja oft schon das Fehlen eines einzigen jener Güter (und wer kann sie alle besitzen?) ist ausreichend, um das Leben zu einer unliebsamen Sache werden zu lassen.

Wenn ein Fremder unvermittelt in diese Welt versetzt würde, so würde ich ihm zur Exemplifizierung ihrer Übel eine Klinik voll von Kranken, ein Gefängnis belegt mit Verbrechern und Schuldnern, ein Schlachtfeld übersät mit Leichen, eine dem Ozean ausgelieferte Flotte, ein unter Tyrannei siechendes Volk sowie Hungersnot und Pest zeigen. Wohin aber sollte ich ihn führen, um ihm ein Bild zu bieten von der heiteren Seite des Lebens und seinen Freuden? Auf einen Ball, in eine Oper, auf einen Empfang bei Hofe? Er könnte zu Recht denken, ich zeigte ihm lediglich eine andere Art von Elend und Jammer.

An derartig schlagenden Beispielen führt kein Weg vorbei, sagte Philo. Eine Verteidigung würde hier nur der Anklage noch zusätzliches Gewicht verleihen. Warum haben alle Menschen, so frage ich, zu allen Zeiten unaufhörlich über das Elend des Lebens geklagt? – Es gibt keinen Grund, sagt jemand; diese Klagen sind nichts als die Folge einer unzufriedenen, mißvergnügten und ängstlichen Disposition. – Kann es denn überhaupt, erwidere ich, eine sicherere Grundlage des Elends geben als eine derart unglückliche Veranlagung?

Aber wenn diese Menschen wirklich so unglücklich sind, wie sie behaupten, sagt mein Opponent, warum halten sie dann am Leben fest? –

Unzufrieden mit dem Leben, in Angst vor dem Tode.

Dies ist das heimliche Band, sage ich, das uns hält. Durch Furcht, nicht durch Bestechung werden wir verleitet, unser Dasein weiterzuführen.

Es handelt sich bloß um eine falsche Empfindlichkeit, mag jener beharren, der sich einige besonders sensible Geister hingeben; sie hat dazu geführt, daß sich diese Klagen über die ganze Menschheit verbreitet haben. – Und worin besteht diese Empfindlichkeit, frage ich, die du tadelst? Ist sie etwas anderes als eine größere Empfänglichkeit für all die Freuden und Leiden des Lebens? Und wenn ein Mensch mit einer empfindlichen und sensiblen Anlage in jenem Maße unglücklicher als die übrigen Menschen ist, in dem er wacher lebt, zu welchem Urteil müssen wir dann allgemein über das menschliche Leben gelangen?

Die Menschen sollten ihre Unruhe ablegen, sagt unser Gegner, und sie werden sich wohlfühlen. Freiwillig bewirken sie ihr eigenes Elend. – Nein, erwidere ich. Eine bekümmerte Schlaffheit folgt ihrer Ruhe, wie Enttäuschung, Ärger und Verdruß ihrem ehrgeizigen Streben.

Etwas derartiges, wovon du sprichst, antwortete Cleanthes, kann ich bei einigen anderen Menschen beobachten. Doch ich gestehe, ich fühle wenig oder nichts davon in mir selbst und hoffe, es ist nicht so verbreitet, wie du es darstellst.

Wenn du selbst das menschliche Elend nicht fühlst, rief Demea, so gratuliere ich dir, daß du ein so glücklicher Ausnahmefall bist. Andere, die dem Anschein nach am stärksten vom Glück begünstigt waren, haben sich nicht gescheut, ihren Klagen in den traurigsten Tönen Ausdruck zu geben. Hören wir den großen, den vom Erfolg gesegneten Kaiser Karl V., als er, menschlicher Größe überdrüssig, all seine weiträumigen Gebietschaften an seinen Sohn übergab. In seiner letzten Ansprache, die er bei dieser denkwürdigen Gelegenheit hielt, bekannte er

öffentlich, die glücklichsten Ereignisse seines Lebens
seien mit so vielen widrigen Umständen vermischt gewesen, daß er mit Wahrheit sagen könne, niemals zufrieden
und glücklich gewesen zu sein. Doch brachte ihm die
Zurückgezogenheit des Privatlebens, in die er geflüchtet
war, in irgendeiner Weise größeres Glück? Wenn wir der
Darstellung seines Sohnes glauben dürfen, begann er
seinen Entschluß noch am Tage der Abdankung zu be-
reuen.

Cicero gelangte von kleinen Anfängen zu größtem Glanz
und Ruhm. Und doch, wie lebhafte Klagen über die
Übel des Lebens finden sich sowohl in seinen privaten
Briefen als auch in seinen philosophischen Abhandlungen. Und ganz im Einklang mit seiner eigenen Erfahrung
läßt er in seinen Schriften Cato, den großen, vom Glück
begünstigten Cato, als alten Mann diesen Protest anmel-
den: Wenn ihm ein neues Leben angeboten würde, so
würde er dieses Geschenk ausschlagen.

Frage dich selbst, frage jeden deiner Bekannten, ob
jemand die letzten zehn oder zwanzig Jahre seines
Lebens noch einmal leben möchte. Nein; aber die nächsten zwanzig, wird es heißen, werden besser sein:

> Und hoffen, von des Lebens Neige zu erhalten,
> Was des Anfangs frischer Lauf nicht geben konnte.[12]

So finden sie am Ende (so gewaltig ist das menschliche
Elend, daß es selbst Widersprüche zum Verschwinden
bringt), daß sie zugleich über die Kürze wie über die
Nichtigkeit und Trübsal des Lebens Klage führen.

Und kannst du, Cleanthes, sagte Philo, nach all diesen
Überlegungen und unendlich vielen weiteren, die man
anstellen könnte, immer noch an deinem Anthropomorphismus festhalten und behaupten, daß die moralischen

12 [John Dryden, *Aureng-Zebe*, 4. Akt, 1. Aufzug.]

Attribute der Gottheit: ihre Gerechtigkeit, ihre Güte, ihre Barmherzigkeit und ihre Rechtschaffenheit, von derselben Beschaffenheit sind wie diese Tugenden bei menschlichen Geschöpfen? Gottes Macht betrachten wir als unendlich; was immer er will, geschieht. Doch weder der Mensch noch irgendein anderes Lebewesen ist glücklich: also will er ihr Glück nicht. Gottes Weisheit ist unendlich; in der Wahl der Mittel zu einem gegebenen Zweck begeht er nie einen Fehler. Doch der Lauf der Natur begünstigt nicht menschliches oder tierisches Wohlergehen: Also ist er nicht auf dieses Ziel hin ausgerichtet. Im gesamten Bereich des menschlichen Wissens gibt es keine Folgerungen, die in höherem Maße gewiß und unumstößlich sind. In welcher Hinsicht also gleichen Gottes Güte und Barmherzigkeit der Güte und Barmherzigkeit des Menschen?

Auf Epikurs alte Fragen gibt es noch immer keine Antwort: Ist er willens, aber nicht fähig, Übel zu verhindern? Dann ist er ohnmächtig. Ist er fähig, aber nicht willens? Dann ist er boshaft. Ist er sowohl fähig als auch willens? Woher kommt dann das Übel?

Du schreibst, Cleanthes – wie ich glaube, mit Recht –, der Natur einen Zweck und eine Absicht zu. Aber was, ich bitte dich, ist das Ziel dieser erstaunlichen Kunstfertigkeit und Organisation, die sie in allen Lebewesen erkennen läßt? Die bloße Erhaltung der Individuen und die Fortpflanzung der Art. Es scheint ihrem Zweck zu genügen, wenn eine derartige Aufeinanderfolge im Universum gerade eben gewährleistet ist – ohne daß sie dem Glück der einzelnen Glieder irgendwelche Sorge oder Aufmerksamkeit widmen würde. Für diesen Zweck stellt sie keine Mittel bereit: keine Einrichtung, die lediglich Vergnügen oder Sorglosigkeit verschaffen soll; kein Arsenal an reiner Freude und Zufriedenheit; keine Befriedigung ohne die Verbindung mit irgendeinem Bedürfnis oder Mangel. Jedenfalls werden die wenigen

Erscheinungen dieser Art durch entgegengesetzte
Erscheinungen von noch größerem Gewicht in den
Schatten gestellt.

Unser Sinn für Musik, Harmonie, ja für Schönheit aller
Art gewährt Befriedigung, ohne zur Erhaltung und Fortpflanzung der Gattung unbedingt notwendig zu sein.
Aber welche Folterqualen folgen andererseits aus Gicht,
Steinen, Migräne, Zahnschmerzen oder Rheumatismus –
wo der Schaden am Organismus entweder geringfügig
oder aber unheilbar ist. Heiterkeit, Lachen, Spiel und
Scherz scheinen zweckfreie Befriedigungen, die kein
weiteres Ziel haben. Trübsinn, Melancholie, Unzufrie-
denheit und Aberglaube sind Leiden von derselben Art.
Wie manifestiert sich unter diesen Bedingungen die göttliche Güte, so wie ihr Anthropomorphisten diesen Begriff versteht? Allein wir Mystiker, wie du uns zu nennen
beliebtest, besitzen für diese sonderbare Mischung von
Erscheinungen eine Erklärung, indem wir sie auf unendlich vollkommene, jedoch unbegreifbare Eigenschaften
zurückführen.

Hast du nun endlich, sagte Cleanthes lächelnd, deine
Absichten verraten, Philo? Daß du seit einer geraumen
Weile mit Demea gemeinsame Sache machst, hat mich in
der Tat ein wenig überrascht. Doch jetzt wird mir klar,
daß du die ganze Zeit einen geheimen Angriff gegen mich
vorbereitet hast. Und ich muß gestehen, daß du hier ein
Thema gefunden hast, das deines vortrefflichen Wider-
spruchsgeistes würdig ist. Wenn du den vorliegenden
Punkt glaubwürdig machen und beweisen kannst, daß
die Menschheit unglücklich und verderbt ist, so ist es auf
einen Schlag mit aller Religion zu Ende. Denn wozu soll
man die natürlichen Eigenschaften der Gottheit ergründen, solange die sittlichen zweifelhaft und ungewiß
sind?

Du nimmst sehr leicht Anstoß, antwortete Demea, an
den harmlosesten Ansichten, die außerdem sogar unter

den Religiösen und Frommen selbst außerordentlich verbreitet sind. Und nichts kann einen mehr überraschen, als eine Betrachtung wie die obige über Schlechtigkeit und Elend des Menschen nichts Geringerem als dem Vorwurf des Atheismus und der Gottlosigkeit ausgesetzt zu sehen. Haben nicht alle frommen Geistlichen und Prediger, die sich über ein so fruchtbares Thema rhetorisch äußerten, haben sie nicht mit Leichtigkeit, sage ich, für alle Schwierigkeiten, die sich in diesem Zusammenhang ergeben könnten, eine Lösung gezeigt? Diese Welt ist bloß ein kleiner Punkt im Vergleich zum Universum, dieses Leben bloß ein Augenblick im Vergleich zur Ewigkeit. Die gegenwärtigen Übel werden deshalb in anderen Regionen und in einem künftigen Zeitabschnitt des Daseins berichtigt. Und die Augen der Menschen, die dann für eine umfassendere Sicht der Dinge geöffnet sind, erblicken nun den Gesamtzusammenhang der allgemeinen Gesetzmäßigkeiten und verfolgen in Anbetung die Güte und Rechtschaffenheit der Gottheit durch all die verschlungenen Pfade ihrer Vorsehung.

Nein, erwiderte Cleanthes, nein! Diese willkürlichen Unterstellungen, die im Widerspruch zu sichtbaren und unbestrittenen Tatsachen stehen, dürfen in keinem Fall zugelassen werden. Woher läßt sich von irgendeiner Ursache Kenntnis gewinnen, wenn nicht aus ihren bekannten Wirkungen? Woher läßt sich irgendeine Hypothese beweisen, wenn nicht aus den gegebenen Erscheinungen? Die eine Hypothese auf eine andere Hypothese zu gründen heißt vollkommen in die Luft zu bauen. Und das Äußerste, was wir durch solche Vermutungen und Fiktionen je erreichen können, ist nicht mehr als die Feststellung, daß unsere Auffassung möglich ist; daß sie aber auch der Wirklichkeit entspricht, können wir auf diese Weise nie begründen.

Der einzige Weg, die göttliche Güte zu verteidigen (und ihn schlage ich bereitwillig ein), liegt darin, Elend und

Schlechtigkeit des Menschen ohne Einschränkung abzu-
streiten. Deine Darstellung ist übertrieben; deine trüb-
sinnigen Auffassungen sind zum größeren Teil irreal;
deine Schlußfolgerungen widersprechen den Fakten und
der Erfahrung. Gesundheit ist häufiger als Krankheit,
Freude häufiger als Schmerz, Glück häufiger als Elend.
Für einen einzigen Kummer, der uns begegnet, erfahren
wir schätzungsweise wohl hundert Freuden.

Deine Behauptung, erwiderte Philo, obschon sie äußerst
zweifelhaft ist, einmal zugestanden: Du kannst nicht
leugnen, daß Schmerz, sofern er seltener ist als Freude,
doch unendlich viel heftiger und dauerhafter ist. Eine
Stunde Schmerz kann häufig einen Tag, eine Woche,
einen Monat unserer gewöhnlichen, faden Vergnügungen aufwiegen. Und wie viele Tage, Wochen und Monate
verbringen manche Menschen in den heftigsten Qualen?
Freude ist kaum je auch nur in einem einzigen Fall
imstande, in Ekstase und Verzückung überzugehen. Und
in keinem einzigen Fall kann sie sich auch nur eine
Zeitlang auf dem höchsten Punkt halten. Die Lebensgei-
ster lassen nach, die Nerven erschlaffen, der Organismus
ist gestört, und die Freude geht schnell in Ermüdung und
Unbehagen über. Schmerz dagegen steigert sich oft –
guter Gott, wie oft! – zu Qual und Agonie; und je länger
er andauert, um so unverfälschter werden diese Empfindungen. Die Geduld erschöpft sich, der Mut erlahmt,
Trübsinn erfaßt uns; und nichts beendigt unser Elend als
entweder die Entfernung seiner Ursache oder aber ein
anderes Ereignis, das einzige Heilmittel allen Übels, das
wir jedoch in unserer natürlichen Torheit mit noch größerer Angst und Bestürzung betrachten.

Um aber auf diesen Punkten, fuhr Philo fort, obschon sie
höchst offenkundig, gewiß und wichtig sind, nicht zu
beharren: Ich muß mir die Freiheit nehmen, dich zu
mahnen, Cleanthes, daß du unsere Meinungsverschiedenheit hier auf eine höchst gefährliche Ebene geführt

hast und, ohne es zu bemerken, in die wesentlichsten Glaubenssätze der natürlichen und der geoffenbarten Theologie einen totalen Skeptizismus einführst. Wie, gibt es keinen Weg zu einer rechten Grundlegung der Religion, außer wir räumen ein, daß das menschliche Leben glücklich ist, und behaupten, daß eine Fortdauer unserer Existenz selbst in dieser Welt – mit all den gegebenen Schmerzen, Gebrechen, Ärgern und Torheiten – wünschens- und erstrebenswert ist? Das steht doch in Widerspruch zu dem, was jedermann fühlt und erfährt. Es steht damit in Widerspruch zu einer Autorität, die so wohlbegründet ist, daß nichts sie erschüttern kann. Keine entscheidenden Beweise können jemals gegen sie vorgebracht werden; du kannst nicht alle Schmerzen und alle Freuden im Leben sämtlicher Menschen und Tiere zusammenrechnen, einstufen und in Vergleich setzen. Du stützt somit das gesamte System der Religion auf eine Prämisse, die von der Natur der Sache her ungewiß bleiben muß, und gestehst damit stillschweigend zu, daß dieses System selbst ebenso ungewiß ist.

Doch auch wenn ich dir einmal zugebe, was man nie für möglich halten wird oder was du zumindest nie wirst beweisen können, daß nämlich das Glück der Lebewesen oder zumindest der Menschen ihr Unglück in diesem Leben überwiegt, so hast du damit noch nichts gewonnen. Denn das ist es wahrhaftig nicht, was wir von unendlicher Macht, unendlicher Weisheit und unendlicher Güte erwarten. Warum gibt es überhaupt irgendwelches Unglück in der Welt? Sicher nicht durch Zufall. Also aufgrund einer Ursache. Liegt diese Ursache in der Absicht der Gottheit? Doch Gott ist allgütig. Läuft sie seiner Absicht zuwider? Doch er ist allmächtig. Nichts kann die Schlüssigkeit dieses so kurzen, so klaren, so stichhaltigen Arguments erschüttern – es sei denn, wir behaupten, daß diese Gegenstände alles menschliche

Vermögen übersteigen und daß unsere gewöhnlichen Maßstäbe für wahr und falsch auf sie nicht anwendbar sind. Und das ist ja der Standpunkt, auf dem ich immer schon beharrt habe, den du jedoch von Anfang an voll Verachtung und Unwillen zurückgewiesen hast.

Doch ich bin bereit, selbst diese Position preiszugeben (ich leugne nämlich, daß du mich je auf sie festnageln kannst): Ich will zugeben, daß Leid oder Elend im Menschen mit unendlicher Macht und Güte in der Gottheit, selbst nach deinem Verständnis dieser Eigenschaften, *vereinbar* ist. Aber was nützen dir all diese Zugeständnisse? Die bloße Möglichkeit, die in einer Vereinbarkeit liegt, reicht nicht aus. Du mußt vielmehr diese reinen, ungetrübten und unumschränkten Eigenschaften aus den vorliegenden gemischten und wirren Erscheinungen – und zwar aus ihnen allein – *beweisen*. Ein hoffnungsvolles Unterfangen! Wären diese Erscheinungen auch noch so rein und ungetrübt, sie würden dennoch, da sie endlich sind, für diesen Zweck nicht ausreichen. Um wieviel mehr muß dies gelten, wo sie auch noch so disharmonisch und unrein sind.

Hier, Cleanthes, fühle ich mich sehr sicher in meiner Argumentation; hier sehe ich mich als Sieger. Vorher, als es um die natürlichen Eigenschaften der Intelligenz und planerischen Absicht ging, mußte ich meinen ganzen skeptischen und metaphysischen Scharfsinn aufwenden, um mich deinem Zugriff zu entziehen. Bei einer Betrachtung des Universums, insbesondere seiner Teile, drängen sich uns unter zahlreichen Blickwinkeln die Schönheit und Tauglichkeit der Zweckursachen so unwiderstehlich auf, daß alle Einwände lediglich als sophistische Spitzfindigkeiten erscheinen (was sie, wie ich glaube, auch wirklich sind); wir können uns dann nicht vorstellen, wie wir ihnen jemals irgendein Gewicht beimessen konnten. Aber es gibt keine Sicht vom menschlichen Leben oder vom Zustand der Menschheit, unter der wir, einigermaßen

ungezwungen auf die moralischen Eigenschaften schließen bzw. jene unendliche Güte – verbunden mit unendlicher Macht und Weisheit – erkennen können, die wir
allein mit dem Auge des Glaubens entdecken müssen.
Nun ist die Reihe an dir, dich ins Zeug zu legen und die
philosophischen Spitzfindigkeiten, die du vertrittst,
gegen das Diktat klarer Vernunft und Erfahrung zu
verteidigen.

Teil 11

Ich muß gestehen, sagte Cleanthes, daß die häufige Wiederholung des Wortes *unendlich*, der wir bei allen theologischen Autoren begegnen, mich zweifeln läßt, ob sie nicht mehr dem Stil einer glorifizierenden als dem einer philosophischen Redeweise entspricht und ob nicht den Zielen vernünftigen Denkens, ja selbst den Zielen der Religion besser gedient wäre, wenn wir uns mit genaueren und maßvolleren Ausdrücken begnügen würden. Die Begriffe *bewundernswert, hervorragend, im höchsten Maße gewaltig, weise* und *heilig* geben dem menschlichen Vorstellungsvermögen hinlänglich Nahrung. Was darüber hinausgeht, führt nicht nur zu Widersprüchen, sondern bleibt auch auf die Empfindungen oder Gefühle ohne Einfluß. Das bedeutet im vorliegenden Zusammenhang: Wenn wir auf alle menschliche Analogie verzichten, wie es deine Absicht zu sein scheint, Demea, so fürchte ich, verzichten wir auf alle Religion und behalten keine Vorstellung mehr von dem gewaltigen Gegenstand unserer Anbetung. Wenn wir dagegen an menschlicher Analogie festhalten, so müssen wir es zwar ein für allemal unmöglich finden, irgendwelche Beimischung von Übel im Universum mit unendlichen Eigenschaften in Einklang zu bringen; und noch viel weniger können wir jemals diese Eigenschaften aus jenem Sachverhalt heraus beweisen. Sofern wir jedoch die Vollkommenheit des Urhebers der Natur als endlich, wenngleich menschlicher Vollkommenheit weit überlegen betrachten, so ist eine zufriedenstellende Erklärung des natürlichen wie des moralischen Übels möglich, und jede widrige Erscheinung kann plausibel gemacht und eingeordnet werden. Es besteht dann die Möglichkeit, sich für ein geringeres Übel zu entscheiden, um einem größeren zu entgehen, oder Unannehmlichkeiten in Kauf zu nehmen um eines lohnenden Zieles willen. Kurzum: Güte, gelenkt durch Weisheit und eingeschränkt durch Notwendigkeit, könnte genau eine solche Welt hervorbringen wie unsere gegenwärtige. Nun, Philo, der du so rasch bei der Hand bist, Ansichten, Überlegungen und Analogien zu entwickeln: Ich würde gern hören, wie du ausführlich und ohne unterbrochen zu werden auf diese neue Theorie eingehst. Falls sie unserer Aufmerksamkeit wert ist, können wir sie dann später, wenn wir mehr Zeit haben, in eine passende Form kleiden.

Meine Ansichten sind nicht so bedeutsam, antwortete Philo, daß man aus ihnen ein Geheimnis machen müßte. Deshalb will ich dir ohne alle Umstände darlegen, was mir zu jener Theorie einfällt. Man muß, so denke ich, folgendes einräumen: Wenn ein durchaus beschränkter Verstand, von dem wir annehmen wollen, daß er von unserem Universum keinerlei Kenntnis hat, die Versicherung besäße, daß es die Schöpfung eines sehr guten, weisen und mächtigen, wenngleich endlichen Wesens sei, so würde er sich *im voraus*, aufgrund seiner Vermutungen, von diesem Universum ein anderes Bild machen, als wir es in der Erfahrung vorfinden. Und er würde bloß von diesen Eigenschaften der Ursache aus, über die er Bescheid weiß, niemals auf die Idee kommen, daß die Wirkung so voller Laster, Elend und Unordnung sein könnte, wie es in diesem Leben den Anschein hat. Nehmen wir nun an, diese Person gelangt in die Welt, immer noch überzeugt, daß sie das Werk eines in dieser Weise erhabenen und gütigen Wesens ist. Dann würde sie enttäuscht und vielleicht auch überrascht sein; doch sie würde ihre frühere Überzeugung, sofern diese sehr gut begründet ist, niemals preisgeben. Denn ein beschränkter Verstand, wie wir ihn angenommen haben, muß sich seiner eigenen Blindheit und Unwissenheit bewußt sein und mit der Möglichkeit rechnen, daß es für die genannten Phänomene viele Erklärungen gibt, die ihm für immer unbegreifbar bleiben. Nehmen wir dagegen an (und so verhält es sich tatsächlich beim Menschen), dieses Wesen ist *nicht* im voraus vom Dasein eines höchsten, mit Güte und Macht begabten Geistes überzeugt, sondern muß diese Überzeugung aus den Erscheinungen der Dinge gewinnen. Dann ändert sich der Fall vollkommen, und das betreffende Wesen wird für eine solche Schlußfolgerung nie einen Grund finden. Es mag zwar von den engen Grenzen seines Verstandes uneingeschränkt überzeugt sein. Doch das nützt ihm nichts, wenn es darum geht, sich ein Bild von der Güte höherer Mächte zu machen; denn es muß sich dieses Bild machen aufgrund dessen, was es weiß, und nicht aufgrund dessen, wovon es keine Kenntnis hat. Je mehr du seine Schwäche und Unwissenheit betonst, um so größer werden sein Mißtrauen und sein Zweifel werden, ob derartige Gegenstände noch im Bereich seiner Fähigkeiten liegen. Du bist deshalb darauf angewiesen, mit ihm lediglich auf der Basis der bekannten Erscheinungen zu argumentieren und jede willkürliche Annahme oder Vermutung fallenzulassen.

Wenn ich dir ein Haus oder einen Palast zeigte, in dem nicht ein einziges Zimmer zweckmäßig oder angenehm gestaltet ist, in dem die Fenster, Türen, Kamine, Flure, Treppen sowie die gesamte Anordnung des Gebäudes die Ursache von Lärm, Verwirrung, Strapazen, Dunkelheit und extremer Hitze und Kälte sind, dann würdest du mit Sicherheit – und zwar ohne jede weitere Untersuchung – der Herstellung die Schuld geben. Der Baumeister würde vergeblich kluge Reden führen und dir beweisen, daß, wenn diese Tür oder jenes Fenster umgearbeitet würden, noch größere Übel die Folge wären. Was er sagt, mag vollkommen wahr sein: Die Abänderung eines Einzelteiles unter gleichzeitiger Beibehaltung des übrigen Gebäudes mag die Unannehmlichkeiten nur vergrößern. Trotzdem aber würdest du die allgemeine Behauptung aufstel-

len, der Baumeister hätte, wenn er geschickt und guten
Willens gewesen wäre, einen derartigen Gesamtplan ent-
werfen und die einzelnen Teile in der Weise aufeinander
abstimmen können, daß alle oder die meisten dieser
Unannehmlichkeiten vermieden worden wären. Daß
ihm, ja daß dir selbst ein solcher Plan nicht näher
bekannt ist, wird dich von seiner Unmöglichkeit keinesfalls überzeugen. Wenn du an dem Gebäude irgendwelche Unzulänglichkeiten und Fehlkonstruktionen ent-
deckst, wirst du immer, ohne irgendwie ins Detail zu
gehen, den Baumeister verurteilen.

Kurz, ich wiederhole meine Frage: Ist die Welt, insgesamt betrachtet und wie sie sich uns in diesem Leben
darstellt, anders als jene Welt, die ein Mensch bzw. ein
ähnlich beschränktes Wesen *im voraus* von einer sehr
mächtigen, weisen und gütigen Gottheit erwarten
würde? Es muß Zeichen eines merkwürdigen Vorurteils
sein, diese Frage zu verneinen. Und hieraus folgere ich,
daß die Welt, wie vereinbar sie unter Voraussetzung
gewisser Annahmen und Hypothesen mit der Vorstellung von einer solchen Gottheit auch sein mag, uns
niemals einen Schluß auf deren Existenz ermöglicht. Die
Vereinbarkeit wird von mir nicht unbedingt geleugnet,
lediglich die Ableitbarkeit. Hypothesen sind, insbesondere wo die Unendlichkeit von den göttlichen Eigenschaften ausgeschlossen wird, vielleicht ausreichend zum
Beweis einer Vereinbarkeit; doch sie können niemals
Grundlage einer Ableitung sein.

Vier Umstände scheinen es zu sein, auf denen alle oder
doch die meisten jener Übel beruhen, von denen empfin-
dende Geschöpfe geplagt werden. Es ist nicht ausgeschlossen, daß alle diese Umstände notwendig und
unvermeidlich sind. Wir wissen so wenig über das
gewöhnliche Leben hinaus, ja über das gewöhnliche
Leben selbst, daß es im Hinblick auf die Einrichtung des
Universums keine noch so gewagte Vermutung gibt, die

nicht richtig, und keine noch so einleuchtende, die nicht
falsch sein könnte. Die einzige Haltung, die dem
menschlichen Verstand in dieser tiefen Unwissenheit und
Dunkelheit zukommt, ist die der Skepsis oder zumindest
die der Vorsicht. Er sollte eigentlich gar keine Hypothese
akzeptieren, keinesfalls aber eine, die nicht einmal den
Anschein von Wahrscheinlichkeit für sich hat. So aber
liegt, wie ich behaupte, der Fall bei sämtlichen Ursachen
und Umständen der Entstehung von Übel: Sie alle
erscheinen der menschlichen Vernunft nicht im geringsten als notwendig oder unvermeidlich, und nur ein
äußerst willkürlicher Gebrauch unserer Phantasie kann
uns zu der gegenteiligen Annahme verleiten.

Der *erste* Umstand, der Übel bewirkt, ist jene zweck-
volle Einrichtung in der lebendigen Schöpfung, wonach
die Empfindung von Schmerz ebenso wie die von Lust
dazu dient, alle Lebewesen zum Handeln zu animieren
und ihnen für das große Ziel der Selbsterhaltung Wach-
samkeit aufzuerlegen. Nun scheinen aber, mit menschlichem Verstand betrachtet, die verschiedenen Grade von
Lustempfindung zu diesem Zweck ausreichend zu sein.
Alle Lebewesen könnten ständig in einem Zustand des
Vergnügens sein. Wenn aber eines der natürlichen
Bedürfnisse wie Durst, Hunger oder Müdigkeit sich
geltend macht, so könnten sie statt Schmerz eine Ver-
minderung ihres Vergnügens empfinden und dadurch
bewogen werden, sich um das zu kümmern, was sie zum
Leben brauchen. Der Mensch sucht das Vergnügen
ebenso begierig, wie er den Schmerz meidet; zumindest
hätte er so geschaffen werden können. Es hat daher
eindeutig den Anschein, daß sich das Geschäft des
Lebens auch ohne den Schmerz in Gang halten ließe.
Weshalb also wurde irgendein Lebewesen für eine solche
Empfindung empfänglich gemacht? Wenn es für eine
Stunde ohne Schmerz sein kann, so müßte es sich auch
einer ständigen Schmerzfreiheit erfreuen können. Und

daß sich die Schmerzempfindung überhaupt hervorrufen läßt, ist ebenso von einer besonderen organischen Ausstattung abhängig wie die Fähigkeit zum Sehen, zum Hören oder zu einer anderen sinnlichen Wahrnehmung. Sollen wir ohne den geringsten Anschein eines Grundes annehmen, daß diese Ausstattung nötig war, und diese Annahme als eine unverrückbare Wahrheit behandeln?

Aber allein die Empfänglichkeit für Schmerz würde noch keinen Schmerz erzeugen, käme nicht als *zweiter* Umstand hinzu, daß die Welt nach allgemeinen Gesetzen gelenkt wird – was für ein ganz und gar vollkommenes Wesen keineswegs notwendig erscheint. Wenn jedes Geschehen durch einzelne Willensakte gelenkt würde, so würde zwar der regelmäßige Lauf der Natur ständig durchbrochen, und niemand könnte sich in seiner Lebensführung der Vernunft bedienen. Doch könnten nicht weitere einzelne Willensakte diesen Nachteil beheben? Kurzum, könnte die Gottheit nicht alles Übel, wo immer es sich fände, ausrotten und alles Gute hervorbringen, ohne jede Vorbereitung durch eine lange Kette von Ursachen und Wirkungen?

Ferner ist zu bedenken, daß, wie die Welt gegenwärtig eingerichtet ist, der Verlauf der Natur zwar als völlig regelmäßig vorausgesetzt wird, uns jedoch nicht so erscheint: Viele Ereignisse sind ungewiß, und viele unserer Erwartungen werden enttäuscht. Gesundheit und Krankheit, gutes und schlechtes Wetter sowie eine unendliche Anzahl anderer Umstände, deren Ursachen unbekannt und wechselhaft sind, haben einen großen Einfluß auf das Schicksal des einzelnen wie auf das Wohl der Gesellschaft. Ja, das ganze menschliche Leben hängt in gewisser Weise von solchen Umständen ab. Ein Wesen, das die geheimen Triebkräfte des Weltalls kennt, müßte daher mit Leichtigkeit alle diese Umstände durch einzelne Willensakte zum Besten des Menschen wenden und die ganze Welt glücklich machen können, ohne sich irgendwie zu verraten. Eine Flotte, deren Vorhaben der Gesellschaft Nutzen bringt, könnte stets günstigen Wind haben. Gute Fürsten könnten sich vorzüglicher Gesundheit und eines langen Lebens erfreuen. Für Macht und Ansehen bestimmte Personen könnten mit einem guten Charakter und tugendhaften Anlagen ausgestattet sein. Einige wenige Vorkehrungen dieser Art, regelmäßig und mit Umsicht durchgeführt, würden das Gesicht der Welt verändern. Und doch würden sie, so scheint es, nicht stärker den Lauf der Natur stören oder die menschliche Lebensführung in Verwirrung bringen als die gegenwärtige Einrichtung der Dinge, wo die Ursachen verborgen, komplex und wechselhaft sind. Ein paar einfache Manipulationen am Gehirn des noch jungen Caligula hätten aus ihm einen Trajan machen können. Eine einzige Welle, ein wenig höher als die anderen, hätte Cäsar und sein Geschick auf dem Grund des Meeres begraben und damit einem beträchtlichen Teil der Menschheit die Freiheit zurückgeben können. Nach allem, was wir wissen, könnte es zwar gute Gründe geben, warum die Vorsehung *nicht* in dieser Weise eingreift; doch diese Gründe sind uns unbekannt. Und wenngleich die bloße Unterstellung, daß solche Gründe vorhanden sind, ausreichen mag, den besagten Schluß hinsichtlich der göttlichen Attribute zu *retten*, so kann sie gewiß niemals ausreichen, diesen Schluß zu *begründen*.

Wenn alles im Universum nach allgemeinen Gesetzen gelenkt wird und wenn die Lebewesen für Schmerz empfänglich sind, dann scheint es kaum vermeidbar zu sein, daß durch die verschiedenen Bewegungen in der Materie sowie durch das vielfältige Zusammenwirken und Gegenwirken allgemeiner Gesetzmäßigkeiten jedenfalls *einiges* Übel entsteht. Aber dieses Übel wäre sehr selten, gäbe es nicht den *dritten* jener vier Umstände, die ich nennen wollte. Dieser Umstand besteht in der großen Sparsamkeit, mit der die verschiedenen Kräfte und

Fähigkeiten jedem einzelnen Wesen zugeteilt sind. Bei allen Lebewesen sind die Organe und Fähigkeiten so gut einander angepaßt und auf die Erhaltung hingeordnet, daß, soweit Geschichte und Überlieferung reichen, bisher keine einzige Art in der Welt ausgestorben zu sein scheint. Jedes Lebewesen besitzt die erforderliche Ausstattung; aber diese Ausstattung ist mit so kleinlicher Sparsamkeit bemessen, daß jede nennenswerte Minderung zur völligen Vernichtung des betreffenden Lebewesens führen muß. Dort, wo *eine* der Fähigkeiten gesteigert ist, findet sich eine entsprechende Abnahme in den übrigen. Lebewesen, die sich durch Schnelligkeit auszeichnen, fehlt es gewöhnlich an Stärke. Solche, die beides besitzen, sind entweder mit der Unvollkommenheit eines ihrer Sinnesorgane oder mit den drängendsten Bedürfnissen geschlagen. Die menschliche Gattung, deren Hauptvorzüge Vernunft und Klugheit sind, hat von allen Lebewesen die stärksten Bedürfnisse und die größten körperlichen Mängel. Sie steht ohne Kleidung, ohne Waffen, ohne Nahrung, ohne Unterkunft, ohne eine der Annehmlichkeiten des Lebens da und besitzt nichts, was sie nicht ihrem eigenen Geschick und Fleiß verdankt. Kurz, die Natur scheint eine genaue Berechnung des für ihre Geschöpfe unerläßlich Notwendigen angestellt und ihnen, einem *harten Herrn* vergleichbar, wenig mehr an Kräften und Fähigkeiten gewährt zu haben, als zur Befriedigung dieser Grundbedürfnisse unbedingt erforderlich ist. Ein *gütiger Vater* hätte eine reichliche Ausstattung gegeben, um seine Kinder vor Unfällen zu bewahren und ihr Glück und Wohlergehen selbst unter ungünstigsten Umständen sicherzustellen. Nicht jeder Lebensbereich würde so voll von Klippen sein, daß die geringste durch Fehler oder Notfall bedingte Abweichung vom rechten Pfad uns in Elend und Verderben stürzen muß. Eine gewisse Reserve, ein gewisser Vorrat wäre angelegt worden, um das Glück zu gewährleisten. Fähigkeiten und Bedürfnisse wären nicht mit einer so rigiden Sparsamkeit aufeinander abgestimmt worden. Der Urheber der Natur ist unvorstellbar mächtig; seine Stärke gilt als gewaltig, ja unerschöpflich. Und es gibt, soweit wir es beurteilen können, keinen Grund, warum er diese Knauserigkeit seinen Geschöpfen gegenüber an den Tag legen mußte. Sollten seine Möglichkeiten übermäßig beschränkt sein, so wäre es besser gewesen, weniger Lebewesen zu schaffen und diese mit größeren Fähigkeiten für ihr Glück und ihre Selbsterhaltung auszustatten. Kein Baumeister gilt als klug, der ein Projekt in Angriff nimmt, das über seine Mittel geht.

Um von den meisten Übeln des menschlichen Lebens Abhilfe zu schaffen, fordere ich nicht, daß der Mensch die Flügel des Adlers, die Schnelligkeit des Hirsches, die Kraft des Stieres, die Pranken des Löwen oder den Panzer des Krokodils oder Rhinozeros besitzt; und noch weniger verlange ich die Klugheit eines Engels oder Cherubs. Ich bin zufrieden mit der Verstärkung nur *einer* seiner geistigen Kräfte oder Fähigkeiten: Er sei ausgestattet mit einem größeren Maß an Fleiß und Arbeitseifer, einer stärkeren Regsamkeit und Aktivität des Geistes, einer beständigeren Neigung zu Beruf und Tätigkeit. Die gesamte menschliche Gattung besitze von Natur aus den gleichen Eifer, wie ihn viele Individuen durch Gewöhnung und Überlegung zu entwickeln vermögen: Die wohltätigsten Folgen – ohne irgendwelche negativen Nebenwirkungen – wären das unmittelbar eintretende, notwendige Resultat. Fast alle moralischen wie natürlichen Übel des menschlichen Lebens entspringen der Trägheit. Wäre unsere Gattung aufgrund ihrer ursprünglichen Disposition von diesem Laster oder dieser Schwäche frei, so wären eine optimale Nutzung des Bodens, eine Anhebung von Kunst und Handwerk sowie die strenge Erfüllung jeder sozialen Obliegenheit und Verpflichtung die unmittelbare Folge. Die Menschen könnten ohne Verzögerung und ohne Einschränkung jenen Zustand der Gesellschaft erreichen, den selbst die beste Regierung nur unvollkommen herstellen kann. Doch da Fleiß eine Fähigkeit ist, und zwar die allerwertvollste Fähigkeit, scheint die Natur im Einklang mit ihrem gewöhnlichen Verfahren entschlossen zu sein, den Menschen nur sparsam damit auszustatten und ihn lieber für ein Zuwenig hart zu bestrafen, als ihn für seine Leistungen zu belohnen. Sie hat ihn so angelegt. daß lediglich die äußerste Not ihn zur Arbeit treiben kann; und sie bedient sich all seiner übrigen Bedürfnisse, um wenigstens teilweise seinen Mangel an Fleiß aufzuwiegen und ihm damit bis zu einem gewissen Grade eine Fähigkeit zu verschaffen, die sie ihm zunächst vorzuenthalten für gut hielt. Man wird hier zugestehen müssen, daß unsere Forderungen sehr bescheiden und deshalb um so vernünftiger sind. Wenn wir eine Ausstattung mit größerem Scharfsinn und Urteilsvermögen verlangten, mit feinerem ästhetischem Empfinden oder größerer Empfänglichkeit für Solidarität und Freundschaft, so könnte man uns entgegenhalten, wir wollten in unfrommer Weise die Ordnung der Natur durchbrechen und uns auf eine höhere Seinsstufe erheben: Das, was wir verlangten, sei unserer Lage und Stellung nicht angemessen und würde uns nur zum Verderben gereichen. Aber es ist hart, ja – ich wage es zu wiederholen – es ist hart, daß wir nicht nur in eine Welt so voller Mängel und Bedürfnisse gestellt wurden, wo fast jedes Lebewesen und jedes Element entweder unser Feind oder doch zumindest nicht unser Helfer ist, sondern überdies noch mit unserer eigenen Anlage zu kämpfen haben und jene Fähigkeit entbehren müssen, die gegen diese Häufung von Übeln allein Schutz bieten kann.

Der *vierte* Umstand, der für Elend und Übel in der Welt verantwortlich ist, ist die wenig präzise Abstimmung aller Triebkräfte und Faktoren der großen Maschine

Natur. Man muß zugeben, daß es wenige Teile des Universums gibt, die nicht einem Zweck zu dienen scheinen und deren Entfernung nicht in sichtbarer Form einen Defekt und eine Störung im Gesamtgefüge hervorrufen würde. Alle Teile hängen zusammen; keiner von ihnen kann angetastet werden, ohne daß die übrigen mehr oder weniger in Mitleidenschaft gezogen würden. Doch gleichzeitig läßt sich nicht übersehen, daß keiner dieser Teile oder Faktoren, wie nützlich er auch sein mag, so präzise eingefügt ist, daß er sich genau in den Grenzen hält, worin seine Nützlichkeit liegt. Sie alle neigen bei jeder Gelegenheit dazu, in das eine oder andere Extrem zu fallen. Man würde denken, daß dies gewaltige Werk nicht die letzte Hand seines Schöpfers erfahren hat: so wenig ist jeder Teil vollendet, und so roh ist die gesamte Verarbeitung. So sind beispielsweise die Winde notwendig, um die Feuchtigkeit über die Erdoberfläche zu verteilen und um den Menschen die Schiffahrt zu erleichtern. Doch wie oft werden sie zu Stürmen und Orkanen und bringen Verderben! Regen ist notwendig, um die Pflanzen und Tiere auf der Erde zu ernähren. Doch wie oft regnet es entweder zu wenig oder zu viel! Wärme ist für alles Leben und Wachstum erforderlich. Doch nicht immer ist sie in dem geeigneten Maße vorhanden. Auf der Mischung und Ausscheidung der Säfte und Flüssigkeiten im Körper beruhen Gesundheit und Wohlergehen der Lebewesen. Doch die verschiedenen Körperteile erfüllen ihre damit zusammenhängende Funktion nicht immer regelmäßig. Was ist nützlicher als die seelischen Leidenschaften von Ehrgeiz, Eitelkeit, Liebe und Zorn? Doch wie oft durchbrechen sie ihre Grenzen und verursachen größte Unruhe in der Gesellschaft! Nichts ist so vorteilhaft auf der Welt, als daß es nicht häufig durch Übermaß oder Mangel Verderben brächte. Auch hat die Natur nicht in allen Fällen gegen Unordnung und Durcheinander mit der nötigen Präzision wirkende Schutzmaßnahmen ergriffen. Die Unregelmäßigkeiten nehmen vielleicht nie das Ausmaß an, daß eine ganze Gattung daran zugrunde geht; doch oft reichen sie aus, die einzelnen Mitglieder der Gattung in Elend und Verderben zu stürzen.

Auf dem Zusammentreffen dieser vier Umstände also beruht – entweder ausnahmslos oder doch zum größten Teil – das natürliche Übel: Wären alle lebenden Wesen nicht schmerzempfänglich oder würde die Welt durch einzelne Willensakte gelenkt, so hätte das Übel niemals Einlaß in die Welt finden können. Wären die Lebewesen, über das unbedingt Notwendige hinaus, mit einem reichen Potential an Kräften und Fähigkeiten ausgestattet oder wären die verschiedenen Triebkräfte und Faktoren im Universum so präzise gestaltet, daß sie immer die rechte Mischung und Ausgewogenheit innehielten, dann würde das Übel, verglichen mit den gegenwärtigen Zuständen, sicher sehr gering sein. Wie also sollen wir uns bei dieser Lage der Dinge äußern? Sollen wir sagen, daß die genannten Umstände nicht notwendig sind und daß sie bei der Erschaffung des Universums leicht hätten abgeändert werden können? Ein solcher Entschluß erscheint als zu anmaßend für so blinde und unwissende Geschöpfe. Wir wollen in den Folgerungen, die wir ziehen, bescheidener sein. Wir wollen zugestehen, daß dann, wenn die Güte der Gottheit (ich meine eine Güte wie die menschliche) sich auf irgendwelche passablen Gründe *a priori* stützen ließe, diese Erscheinungen, wie unangenehm sie auch sein mögen, nicht hinreichen würden, jenes Prinzip zu erschüttern. Sie könnten ohne weiteres, auf irgendeine unbekannte Art und Weise, mit ihm vereinbar sein. Da diese Güte tatsächlich *nicht* im voraus begründet, sondern aus den Erscheinungen zu erschließen ist, wollen wir jedoch gleichzeitig behaupten, daß für einen solchen Schluß so lange die Grundlage fehlt, wie das Universum so voller Übel ist und diese

Übel – soweit man dem menschlichen Verstand über
derartige Fragen ein Urteil zutrauen darf – sich so einfach
hätten vermeiden lassen. Ich bin Skeptiker genug, um
zuzugestehen, daß die schlimmen Erscheinungen, unge-
achtet all meiner Argumente, mit solchen Eigenschaften,
wie du sie annimmst, vereinbar sein mögen. Aber ganz
gewiß können sie für diese Eigenschaften niemals Beweis
sein. Eine derartige Folgerung kann der Skeptizismus
nicht liefern; sie muß vielmehr aus den Erscheinungen
hervorgehen sowie aus unserem Vertrauen in jene Überlegungen, die wir aus diesen Erscheinungen ableiten.
Blick dich um in diesem Universum: Welch ein enormer
Reichtum an Wesen, voll Leben und Formen, voll Empfindung und Aktivität! Du bewunderst diese ungeheure
Vielfalt und Produktivität. Doch betrachte diese lebenden Wesen, die als einzige unsere Beachtung verdienen,
etwas näher. Wie feindlich und zerstörerisch verhalten
sie sich zueinander! Wie unzureichend sind sie alle für ihr
eigenes Glück! Wie verachtenswert und abscheulich
erscheinen sie dem Betrachter! Das Ganze bietet nichts
anderes als das Bild einer blinden Natur, die, von einem
gewaltigen lebenspendenden Prinzip befruchtet, ihre
verkrüppelten und lebensuntüchtigen Kinder ohne
Überlegung oder elterliche Fürsorge aus ihrem Schoß
entläßt.
Hier bietet sich das manichäische System an als eine
geeignete Hypothese zur Lösung dieser Schwierigkeit. In
mancher Hinsicht ist es ohne Zweifel sehr bestechend
und besitzt eine größere Wahrscheinlichkeit als die übliche Annahme; es gibt nämlich eine plausible Erklärung
jener sonderbaren Mischung von Gut und Übel, die das
Leben bietet. Wenn wir andererseits jedoch die vollkommene Gleichförmigkeit und das vollkommene Ineinan-
dergreifen der verschiedenen Teile des Universums in
Betracht ziehen, werden wir in diesem keine Hinweise
auf jenen Kampf zwischen einem bösartigen und einem

gutartigen Wesen entdecken. Es gibt zwar einen Widerstreit von Schmerz und Freude im Fühlen empfindungsbegabter Wesen. Aber werden nicht sämtliche Vorgänge in der Natur durch einen Widerstreit gegensätzlicher Prinzipien – wie heiß und kalt, feucht und trocken, leicht und schwer – bewirkt? Die zutreffende Schlußfolgerung ist die, daß die ursprüngliche Quelle aller Dinge all diesen Prinzipien gegenüber völlig gleichgültig ist und das Gute dem Übel ebensowenig vorzieht wie die Hitze der Kälte, die Trockenheit der Feuchtigkeit oder die Leichtigkeit der Schwere.

Über die allerersten Ursachen des Universums lassen sich vier Hypothesen aufstellen: daß sie mit vollkommener Güte begabt sind; daß sie von vollkommener Bösartigkeit sind; daß sie gegensätzlicher Natur sind und sowohl Güte als auch Bösartigkeit besitzen; daß sie weder Güte noch Bösartigkeit besitzen. Gemischte Erscheinungen können niemals die beiden ersten, einheitlichen Prinzipien beweisen. Und gegen das dritte Prinzip dürfte die Gleichförmigkeit und Beständigkeit der allgemeinen Gesetzmäßigkeiten sprechen. Somit erscheint das vierte Prinzip als das weitaus wahrscheinlichste.

Was ich über das natürliche Übel gesagt habe, gilt – mit nur geringer oder gar keiner Abweichung – auch für das moralische Übel. Wir haben nicht mehr Grund zu dem Schluß, daß die Rechtschaffenheit des höchsten Wesens menschlicher Rechtschaffenheit gleicht, als zu dem Schluß, daß seine Güte menschlicher Güte gleicht. Ja, man sollte denken, daß der Grund, moralische Empfindungen, wie wir sie haben, bei ihm auszuschließen, sogar stärker ist. Denn das moralische Übel überwiegt nach Meinung vieler das moralische Gute noch viel mehr als das natürliche Übel das natürliche Gute.

Doch selbst wenn man dies nicht zugestehen, sondern behaupten sollte, daß beim Menschen die Tugend dem Laster weit überlegen ist, so wird es doch, solange es

überhaupt Laster in der Welt gibt, euch Anthropomorphisten in arge Verlegenheit bringen, eine Erklärung
dafür zu finden. Ihr müßtet hier eine Ursache nennen,
ohne die erste Ursache ins Spiel zu bringen. Da aber
jede Wirkung ihre Ursache haben muß und diese Ursache wieder eine Ursache, so müßtet ihr entweder *in
infinitum* weitergehen oder bei jenem ursprünglichen
Prinzip stehenbleiben, das die letzte Ursache aller Dinge
ist...

Halt, halt! rief Demea, wohin läßt du dich von deiner
Einbildungskraft treiben? Ich habe mich mit dir verbün-
det, um die unbegreifliche Natur des göttlichen Wesens
zu beweisen und die Prinzipien des Cleanthes, der alles
nach menschlichen Regeln und Maßstäben beurteilen
will, zu widerlegen. Doch nun sehe ich, wie du mit
sämtlichen Anschauungen der größten Freigeister und
Ungläubigen gemeinsame Sache machst und das heilige
Anliegen, für das du einzutreten schienest, verrätst. Bist
du also insgeheim ein gefährlicherer Gegner als selbst
Cleanthes?

Hast du so lange gebraucht, um das zu merken? antwortete Cleanthes. Glaub mir, Demea, dein Freund Philo
hat sich von Anfang an auf unsere Kosten einen Spaß
erlaubt. Und man muß zugeben, daß ihm die unbesonnenen Argumente unserer Populärtheologie den Spott nur
allzu leicht gemacht haben. Die vollkommene Schwachheit der menschlichen Vernunft, die absolute Unbegreiflichkeit der göttlichen Natur, das große und allgemeine
Elend der Menschen sowie ihre noch größere Schlechtigkeit: Das sind gewiß Thesen, über die man sich wundern
muß, wenn sie von rechtgläubigen Geistlichen und
Gelehrten so stark geschätzt werden. In Zeiten der
Dummheit und Unwissenheit mag man in der Tat diese
Prinzipien ruhig vertreten; und vielleicht ist keine andere
Sichtweise der Dinge so geeignet, den Aberglauben zu
fördern, wie die, welche unreflektiertes Staunen, Mangel

an Selbstvertrauen und eine melancholische Stimmung beim Menschen fördert. Aber gegenwärtig...

Tadle nicht so sehr, unterbrach Philo, die Unwissenheit dieser ehrwürdigen Herren. Sie verstehen es, ihre Methoden den Zeitläufen anzupassen. Früher war es ein höchst beliebter theologischer Gemeinplatz zu behaupten, das menschliche Leben sei Eitelkeit und Elend, sowie all die Übel und Schmerzen, denen der Mensch ausgesetzt ist, in den Vordergrund zu rücken. Doch seit einigen Jahren sehen wir, wie die Geistlichkeit sich langsam von dieser Position zurückzieht und, freilich noch mit einigem Zögern, behauptet, selbst in diesem Leben gebe es mehr Gutes als Übel, mehr Freude als Schmerz. Solange die Religion vollkommen auf Gemüt und Erziehung aufbaute, hielt man es für richtig, eine melancholische Stimmung zu fördern. Denn in keiner anderen Verfassung nehmen die Menschen so bereitwillig zu höheren Mächten Zuflucht wie in dieser. Doch seitdem die Menschen gelernt haben, Grundsätze aufzustellen und Folgerungen zu ziehen, ist es unumgänglich, eine andere Taktik einzuschlagen und sich solcher Argumente zu bedienen, die zumindest in einem gewissen Maße der Kontrolle und Überprüfung standhalten. Dieser Wechsel ist der gleiche (und geht auf die gleichen Ursachen zurück) wie jener, den ich vorher in bezug auf den Skeptizismus festgestellt habe.

So hielt Philo bis zum Schluß an seinem Widerspruchsgeist und seiner Kritik der geltenden Lehren fest. Doch ich konnte bemerken, daß Demea am letzten Teil des Gesprächs keinen Gefallen fand. Er ergriff kurz darauf die Gelegenheit, unter irgendeinem Vorwand die Runde zu verlassen.

Teil 12

Als Demea gegangen war, setzten Cleanthes und Philo die Unterhaltung in der folgenden Weise fort. Ich fürchte, sagte Cleanthes, unser Freund wird wenig Neigung haben, dieses Thema in deiner Anwesenheit wieder aufzunehmen. Auch ich, Philo, würde ehrlich gesagt lieber mit jedem von euch allein über einen so erhabenen und interessanten Gegenstand diskutieren. Dein Widerspruchsgeist, verbunden mit deinem Abscheu vor dem gewöhnlichen Aberglauben, läßt dich, wenn du eine Auseinandersetzung führst, erstaunlich weit gehen. Nichts kann so heilig und ehrwürdig sein (selbst in deinen eigenen Augen), daß du es bei solcher Gelegenheit verschontest.

Ich muß zugeben, antwortete Philo, daß ich, wenn es um Fragen der natürlichen Religion geht, weniger vorsichtig bin als in allen anderen Fragen. Denn zum einen weiß ich, daß ich in diesem Bereich die Grundsätze einer Person mit gesundem Menschenverstand niemals erschüttern kann; und zum anderen hoffe ich zuversichtlich, daß niemand, in dessen Augen ich selbst als eine Person mit gesundem Menschenverstand erscheine, meine Absichten je mißverstehen wird. Besonders du, Cleanthes, mit dem ich in uneingeschränktem Vertrauen lebe, weißt, daß trotz der Freizügigkeit meiner Reden und trotz meiner Vorliebe für ausgefallene Argumente niemand einen tieferen religiösen Sinn in sich trägt oder dem göttlichen Wesen, wie es sich der Vernunft in der unerklärbaren Erfindungsfülle und Kunstfertigkeit der Natur offenbart, eine aufrichtigere Verehrung entgegenbringt. Ein Zweck, eine Absicht, eine Planung fallen überall auch dem unachtsamsten und stupidesten Denker ins Auge; und niemand kann sich dermaßen in absurde Denksysteme eingemauert haben, daß er diese Erfahrung ständig von sich weisen kann. *Die Natur tut nichts umsonst*; dies ist ein von allen philosophischen Richtungen anerkannter Leitsatz, der sich lediglich der Betrachtung der Werke der Natur und keiner religiösen Absicht verdankt. In der festen Überzeugung von seiner Wahrheit würde etwa ein Anatom, der ein neues Organ oder Gefäß beobachtet hat, sich niemals zufriedengeben, bis er auch dessen Funktion und Zweck entdeckt hat. Eine der Hauptgrundlagen des kopernikanischen Systems ist überdies der Leitsatz *Die Natur handelt auf die einfachste Weise und wählt zu jedem Ziel die geeignetsten Mittel.* Unbeabsichtigt legen Astronomen damit häufig eine solide Grundlage für Religion und Frömmigkeit. Und dieselbe Beobachtung kann man auch in anderen Bereichen der Philosophie machen. So geleiten uns fast sämtliche Wissenschaften unmerklich zur Anerkennung eines ersten geistbegabten Urhebers; dabei ist ihr Gewicht oft insofern um so größer, als sie dieses Ziel nicht unmittelbar anstreben.

Mit Vergnügen lausche ich Galen, wie er den Aufbau des menschlichen Körpers erörtert. Die Anatomie des Menschen, sagt er, kennt mehr als sechshundert verschiedene Muskeln.[13] Und wer diese richtig betrachtet, wird finden, daß in jedem von ihnen die Natur mindestens zehn verschiedene Faktoren in Einklang bringen mußte, um das gewünschte Ziel zu erreichen: etwa angemessene Gestalt, rechte Größe, richtige Anordnung der verschiedenen Enden, höhere und tiefere Stellung insgesamt, passende Einfügung der etlichen Nerven, Venen und Arterien. Das bedeutet, daß allein in den Muskeln mehr als sechstausend verschiedene Programme und Absichten geformt und verwirklicht werden mußten. Die Zahl der Knochen berechnet Galen auf zweihundertvierundachtzig, die der verschiedenen Zwecke, auf welche der Bau

13 *De formatione foetus* [Kap. 6].

eines jeden abzielt, auf mehr als vierzig. Welch ein enormer Aufwand an Kunstfertigkeit, sogar in diesen einfachen, gleichartigen Teilen! Wenn wir jedoch die Haut, die Sehnen, die Gefäße, die Drüsen, die Körpersäfte sowie die verschiedenen Glieder und Organe des Körpers betrachten, wie muß dann unser Erstaunen – im Verhältnis zur Anzahl und Kompliziertheit der so kunstvoll aufeinander abgestimmten Teile – immer mehr wachsen! Je weiter wir auch in diesen Untersuchungen fortschreiten, wir entdecken immer neue Fälle von Kunstfertigkeit und Weisheit. Entfernter liegend gewahren wir sogar noch weitere Manifestationen dieser Art, die sich unserer Fassungskraft entziehen: in dem feinen inneren Aufbau der einzelnen Teile; in der Anlage des Gehirns; in der Struktur der Samengefäße. Alle diese kunstvollen Anlagen wiederholen sich in jeder einzelnen Tierart, wunderbar vielfältig, einander genau angepaßt und den verschiedenen Absichten entsprechend, welche die Natur bei der Gestaltung jeder dieser Arten verfolgt. Wenn aber der ungläubige Galen sogar zu einer Zeit, als diese Wissenschaften von der Natur noch unvollkommen waren, vor derartig eindrucksvollen Erscheinungen kapitulieren mußte, welchen Gipfel hartnäckigen Eigensinns muß dann ein Philosoph unserer Zeit erklommen haben, um heute noch an einer höchsten Intelligenz zweifeln zu können?

Könnte ich einem Vertreter dieser Auffassung begegnen (Gott sei Dank sind sie sehr selten), so würde ich ihn folgendes fragen: Angenommen, es gibt einen Gott, der sich nicht unmittelbar unseren Sinnen offenbart. Könnte er dann stärkere Beweise seiner Existenz geben als jene Erscheinungen, die das Antlitz der Natur überall darbietet? Ja was könnte ein solches göttliches Wesen tun, als die gegenwärtige Verfassung der Dinge nachzubilden; als viele seiner kunstvollen Gestaltungen so durchsichtig zu machen, daß keine Dummheit sie verkennen könnte; als

Einblicke in noch kunstvollere Erfindungen zu gewähren, die seine ungeheure Erhabenheit über unsere engen Vorstellungen beweisen; und als eine große Anzahl seiner Werke vor so unvollkommenen Geschöpfen überhaupt zu verbergen? Nach allen Regeln korrekten Denkens muß jede Tatsache als unbestritten gelten, wenn sie durch sämtliche Argumente gestützt wird, die ihre Natur zuläßt. Das trifft auch dann zu, wenn diese Argumente als solche nicht sehr zahlreich oder zwingend sind. Um wieviel mehr gilt es dann im vorliegenden Fall, wo kein menschliches Vorstellungsvermögen die Zahl der Argumente ermitteln und kein Verstand ihre Beweiskraft ermessen kann!

Ich möchte dem, sagte Cleanthes, was du uns so eindringlich und schön vor Augen geführt hast, noch hinzufügen, daß *ein* großer Vorzug des theistischen Prinzips darin besteht, daß es das einzige System der Weltentstehung ist, das sich verständlich und geschlossen darstellen läßt und das doch in hohem Maße mit dem übereinstimmt, was wir jeden Tag in der Welt sehen und erfahren. Der Vergleich des Universums mit einer Maschine menschlicher Herstellung ist so naheliegend und natürlich und außerdem durch so viele Vorkommen von Ordnung und Planung in der Natur gerechtfertigt, daß er sich jeder vorurteilsfreien Wahrnehmung unmittelbar aufdrängen und allgemeine Zustimmung finden muß. Wer immer diese Theorie zu entkräften versucht, darf sich nicht einbilden, an ihre Stelle eine präzise und bestimmte Alternative setzen zu können. Es muß ihm genügen, Zweifel und Probleme geltend zu machen und durch Betrachtung der Dinge von einem distanzierten und abstrakten Standpunkt aus jene Urteilsenthaltung zu erreichen, die hier das Äußerste ist, das er sich wünschen kann. Aber abgesehen davon, daß dieser geistige Zustand in sich unbefriedigend ist: Er wird sich auch gegen so auffällige Erscheinungen, wie sie uns immer wieder für die religiöse Hypothese einnehmen, nie dauerhaft behaupten lassen. An ein falsches, unsinniges System kann sich die menschliche Natur aufgrund starker Vorurteile zwar mit hartnäckiger Beharrlichkeit klammern. Doch ist es, so denke ich, absolut unmöglich, einer Theorie, die sich auf starke und naheliegende Gründe sowie auf natürliche Neigung und früheste Erziehung stützen kann, zu widersprechen und dann überhaupt kein System zu haben oder zu verteidigen.

So wenig, erwiderte Philo, halte ich diesen Verzicht auf das Urteil in dem vorliegenden Fall für möglich, daß ich zu der Vermutung neige, in diese Kontroverse schleiche sich – und zwar in höherem Maße, als man gewöhnlich denkt – ein gewisser Streit um Worte ein. Daß die Werke der Natur eine große Ähnlichkeit mit den Erzeugnissen menschlicher Erfindung aufweisen, liegt auf der Hand. Nach allen Regeln soliden Denkens sollten wir, falls wir über ihre Ursachen überhaupt Erörterungen anstellen, deshalb folgern, daß diese Ursachen ebenfalls eine entsprechende Ähnlichkeit aufweisen. Da jedoch auch erhebliche Unterschiede vorhanden sind, haben wir andererseits Grund, einen entsprechenden Unterschied in den Ursachen anzunehmen. Insbesondere sollten wir der höchsten Ursache ein viel größeres Maß an Macht und Wirksamkeit zuschreiben, als wir es beim Menschen je wahrgenommen haben. Hiermit ist also die Existenz einer *Gottheit* durch die Vernunft eindeutig festgestellt. Wenn wir aber die Frage aufwerfen, ob wir diese Gottheit – trotz des gewaltigen Unterschiedes, von dem man zwischen ihr und dem menschlichen Geist vernünftigerweise ausgehen darf – aufgrund der genannten Ähnlichkeiten als einen *Geist* oder eine *Intelligenz* bezeichnen können: Geht es dann um etwas anderes als um einen Streit rein verbaler Natur? Niemand kann die Ähnlichkeiten leugnen zwischen den beiderseitigen Wirkungen. Auf die Frage nach den Ursachen zu verzichten ist kaum möglich. Die berechtigte Antwort auf diese Frage muß dann lauten, daß auch zwischen den Ursachen eine Ähnlichkeit besteht. Und wenn wir uns nicht damit begnügen wollen, die erste und höchste Ursache als *Gott* oder *Gottheit* zu bezeichnen, sondern den Ausdruck einmal variieren möchten, mit welchen anderen Worten können wir sie dann bezeichnen als mit *Geist* oder *Denken*, womit sie ja, wie man richtigerweise annnimmt, eine erhebliche Ähnlichkeit aufweist?

Allen Menschen mit gesundem Denkvermögen sind Streitereien um Worte, wie sie in philosophischen und theologischen Untersuchungen an der Tagesordnung sind, zuwider. Es zeigt sich, daß die einzige Abhilfe gegen diesen Mißstand in klaren Definitionen, in präzisen Vorstellungen, die in die Argumente eingehen, sowie in der exakten und gleichmäßigen Verwendung der benutzten Begriffe liegt. Es gibt jedoch eine Art von Streitfragen, die schon aufgrund der Natur der Sprache und der menschlichen Vorstellungen einer ständigen Ungewißheit ausgesetzt sind und die durch keinerlei Vorkehrungen und keinerlei Definitionen auf ein vernünftiges Niveau von Bestimmtheit und Präzision gebracht werden können. Es sind dies die Streitfragen, die den Grad irgendeiner Eigenschaft oder Gegebenheit zum Gegenstand haben. Man kann in alle Ewigkeit darüber streiten, ob Hannibal ein großer, ein sehr großer oder ein enorm großer Mann war, welchen Grad an Schönheit Kleopatra besaß oder auf welche Ruhmesbezeichnung Livius oder Thukydides Anspruch haben, ohne jemals zu einem Ergebnis zu kommen. Die Streitenden mögen hier in dem übereinstimmen, was sie meinen, nicht aber in den Begriffen, die sie verwenden – oder umgekehrt. Sie werden jedenfalls nie in der Lage sein, ihre Begriffe zu definieren und so jeweils die Bedeutung des Gesprächspartners zu erfassen. Denn die Grade solcher Eigenschaften sind nicht, wie Quantität oder

Anzahl, einer genauen Messung zugänglich, die den
Bezugspunkt in dem Streit bilden könnte. Daß die Kontroverse um den Theismus von dieser Art und demzu-
folge bloß verbaler Natur ist oder gar, falls möglich,
einer noch hoffnungsloseren Ungewißheit ausgesetzt ist,
macht die flüchtigste Untersuchung deutlich. Ich frage
den Theisten, ob er nicht einräumt, daß ein großer und
unermeßlicher (weil unfaßbarer) Unterschied zwischen
dem *menschlichen* und dem *göttlichen* Geist besteht. Je
frommer er ist, um so bereitwilliger wird er die Frage
bejahen und um so stärker wird er geneigt sein, den
Unterschied noch zu vergrößern. Ja, er wird behaupten,
der Unterschied sei derart, daß er gar nicht groß genug
dargestellt werden könne. Darauf wende ich mich dem
Atheisten zu, der, so behaupte ich, dies nur dem Namen
nach und ganz unmöglich im Ernst ist. Ich frage ihn, ob
aus der Einheit und der offenbaren Harmonie in sämtlichen Teilen dieser Welt nicht ein gewisser Grad von
Ähnlichkeit zwischen all den Wirkungsweisen der
Natur, an allen Orten und zu allen Zeiten, hervorgeht;
ob das Verfaulen einer Rübe, die Fortpflanzung eines
Lebewesens sowie die Struktur des menschlichen Denkens nicht energetische Vorgänge sind, die wahrscheinlich eine entfernte Ähnlichkeit miteinander aufweisen.
Es ist undenkbar, daß er das leugnet; er wird es vielmehr
bereitwillig zugestehen. Nachdem er das getan hat, treibe
ich ihn noch weiter auf den Rückzug: Ich frage ihn, ob es
nicht wahrscheinlich ist, daß jenes Prinzip, das die Ordnung im Universum schuf und bis heute aufrechterhält,
ebenfalls irgendeine entfernte, unvorstellbare Ähnlichkeit mit den übrigen Wirkungsweisen der Natur, unter
anderem also auch mit der Organisation des menschlichen Geistes und Denkens, aufweist. Auch das muß er,
wie widerstrebend auch immer, zugeben. Wo also, rufe
ich den beiden Kontrahenten zu, bleibt der Gegenstand
eures Streites? Der Theist gesteht zu, daß die Urvernunft

sehr verschieden von menschlicher Vernunft ist. Und der Atheist gesteht zu, daß das ursprüngliche Ordnungsprinzip eine entfernte Ähnlichkeit mit ihr hat. Wollt ihr, meine Herren, über die Grade der Ähnlichkeit streiten und euch auf eine Kontroverse einlassen, die keinerlei präzise Deutung und damit auch keinerlei Lösung zuläßt? Wenn ihr so eigensinnig sein solltet, so würde ich mich nicht wundern, euch unbewußt die Plätze tauschen zu sehen: Jetzt betont der Theist die Unähnlichkeit zwischen dem höchsten Wesen und uns schwachen, unvollkommenen, wandelbaren, vergänglichen und sterblichen Geschöpfen; und der Atheist preist die Ähnlichkeit zwischen all den verschiedenen Wirkungsweisen der Natur in jeder zeitlichen und räumlichen Konstellation. Überlegt euch also, wo der wirkliche Streitpunkt liegt, und wenn ihr eure Kontroverse nicht beilegen könnt, so versucht zumindest, eure Animosität abzustreifen.

Und hier muß ich ferner bestätigen, Cleanthes, daß wir, da die Werke der Natur eine viel größere Ähnlichkeit mit den Resultaten *unserer* Kunstfertigkeit und Erfindung als mit denen *unserer* Güte und Gerechtigkeit besitzen, Grund zu der Folgerung haben, daß die natürlichen Eigenschaften der Gottheit eine größere Ähnlichkeit mit denen des Menschen besitzen als ihre moralischen Eigenschaften mit den menschlichen Tugenden. Doch was folgt daraus? Nichts weiter, als daß die moralischen Eigenschaften des Menschen in ihrer Art weniger vollkommen sind als seine natürlichen Fähigkeiten. Denn weil das höchste Wesen eingestandenermaßen absolut und ganz und gar vollkommen ist, so weicht das, was sich am meisten von ihm unterscheidet, auch am weitesten von jenem höchsten Maßstab der Rechtschaffenheit und Vollkommenheit ab.

Es scheint offenkundig, daß der Streit zwischen den Skeptikern und den Dogmatikern vollkommen verbaler

Natur ist oder jedenfalls nur den *Grad* von Zweifel bzw.
Gewißheit betrifft, mit dem wir unser gesamtes Denken
zu begleiten haben; solche Kontroversen sind ja gewöhnlich im Grunde verbal und lassen keinerlei exakte Lösung
zu. Kein philosophischer Dogmatiker leugnet, daß es im
Hinblick auf die Sinneswahrnehmung wie auf die ganze
Wissenschaft Probleme gibt und daß diese Probleme auf
eine korrekte, logische Weise völlig unlösbar sind. Kein
Skeptiker andererseits leugnet, daß wir trotz dieser Probleme einer absoluten Notwendigkeit unterliegen, in
allen möglichen Bereichen zu denken, uns Überzeugun-
gen zu bilden und Schlüsse zu ziehen, ja häufig voller
Zuversicht und Gewißheit zu etwas unsere Zustimmung
zu geben. Der einzige Unterschied zwischen diesen philosophischen Sekten (wenn diese Bezeichnung erlaubt
ist) besteht also darin, daß der Skeptiker – aus Gewohnheit, Laune oder Neigung – auf die Probleme, der Dogmatiker dagegen – aus den gleichen Gründen – auf die
genannte Notwendigkeit den Akzent legt.
Dies, Cleanthes, ist meine ehrliche Überzeugung in dieser Angelegenheit; und diese Überzeugung, das weißt
du, habe ich stets gehegt und vertreten. Doch so groß
wie meine Ehrfurcht vor der wahren Religion ist mein
Abscheu vor dem gewöhnlichen Aberglauben; und es bereitet mir, ich gestehe es, ein besonderes Vergnügen,
derartige abergläubische Lehren mal der Absurdität und
mal der Gottlosigkeit zu überführen. Du weißt doch,
daß alle Leute, die bigott sind, zwar die Gottlosigkeit
weit mehr fürchten als die Absurdität, sich aber gewöhnlich in beider Hinsicht gleichermaßen schuldig machen.
Ich muß zugeben, erwiderte Cleanthes, daß ich in eine
andere Richtung tendiere. Jede Form von Religion, wie
pervertiert sie auch sei, ist immer noch besser als gar
keine. Die Lehre von einem zukünftigen Dasein stellt
eine so starke und notwendige Garantie der Moral dar,

daß wir sie niemals aufgeben oder vernachlässigen sollten. Denn wenn endliche und befristete Belohnungen und Strafen so große Wirkung tun, wie wir täglich feststellen, wieviel größere Wirkung muß man dann von solchen Maßnahmen erwarten, die unendlich und ewig sind?

Wenn aber der gewöhnliche Aberglaube für die Gesellschaft so heilsam ist, sagte Philo, wie kommt es dann, daß die ganze Geschichte von Berichten über seine verderblichen Folgen für die öffentlichen Angelegenheiten nur so wimmelt? Zwietracht, Bürgerkriege, Verfolgungen, Regierungsumstürze, Unterdrückung, Sklaverei: dies sind die traurigen Folgen, die mit seiner Herrschaft über den menschlichen Geist stets einhergehen. Wenn in einer historischen Darstellung irgendwo der Geist der Religion auftaucht, so können wir sicher sein, anschließend eine Schilderung des Elends zu finden, das ihn begleitet. Und keine Zeitepoche kann glücklicher oder gesegneter sein als die, wo man diesen Geist weder beachtet noch kennt.

Der Grund für diese Beobachtung, antwortete Cleanthes, liegt auf der Hand. Die eigentliche Aufgabe der Religion ist es, das menschliche Herz zu lenken, das Verhalten der Menschen zu versittlichen und ihnen den Geist der Mäßigung, der Ordnung und des Gehorsams einzuflößen. Und da die Religion im stillen wirkt und die Motive der Moral und Gerechtigkeit lediglich verstärkt, ist sie in Gefahr, übersehen und mit diesen anderen Motiven verwechselt zu werden. Wenn sie sich aber verselbständigt und als ein eigenes Prinzip auf die Menschen Wirkung ausübt, so hat sie ihren wahren Bereich verlassen und ist zum bloßen Deckmantel für Zwietracht und Ehrgeiz geworden.

Dazu wird alle Religion, sagte Philo, mit Ausnahme der philosophischen Vernunftreligion. Deinen Überlegungen kann man leichter ausweichen als meinen Tatsachen.

Die Folgerung, weil endliche und befristete Belohnungen und Strafen einen so großen Einfluß haben, müßten unendliche und ewige einen um so größeren haben, ist nicht stichhaltig. Vergleiche doch bitte das Interesse, das wir an gegenwärtigen Dingen nehmen, mit der geringen Anteilnahme, die wir Gegenständen, die so fern und ungewiß sind, entgegenbringen. Wenn die Geistlichkeit gegen das gewöhnliche Tun und Treiben der Welt vom Leder zieht, so stellt sie dieses Gesetz immer als das wirksamste dar, das wir uns nur denken können (und das ist es auch); sie stellt fast die gesamte Menschheit so hin, als ob sie unter seinem Einfluß stehe und in die tiefste Gleichgültigkeit und Interesselosigkeit gegenüber ihren religiösen Belangen gesunken sei. Doch diese selbe Geistlichkeit hält, wenn sie ihre theoretischen Widersacher bekämpft, die Motive der Religion für so machtvoll, daß ohne sie die bürgerliche Gesellschaft unmöglich bestehen könne. Und sie schämt sich keineswegs eines derart offenkundigen Widerspruchs. Dabei ist es eine sichere Erfahrungstatsache, daß die geringste Spur natürlicher Rechtschaffenheit und Güte eine größere Wirkung auf das menschliche Verhalten hat als die großartigsten Ausblicke theologischer Theorien und Systeme. Die natürliche Neigung eines Menschen beeinflußt ihn unablässig; sie ist ihm stets gegenwärtig und findet in jede Auffassung und Überlegung Eingang. Religiöse Motive dagegen, soweit sie überhaupt zum Tragen kommen, wirken lediglich punktuell, dann und wann. Es besteht kaum die Möglichkeit, daß sie dem Geist zur festen Gewohnheit werden. Die Energie der größten Schwerkraft, sagen die Philosophen, ist unendlich klein im Vergleich zu der des geringsten Stoßes. Dennoch steht fest, daß die geringste Schwerkraft am Ende über einen starken Stoß die Oberhand gewinnt; denn kein Schlag oder Stoß kann mit solcher Stetigkeit wiederholt werden wie Anziehungs- und Schwerkraft.

Ein weiterer Vorteil der natürlichen Neigung: Sie nimmt allen Witz und Scharfsinn des Geistes in ihren Dienst. Wenn sie in Gegensatz zu religiösen Grundsätzen gerät, so bedient sie sich jedes Mittels und jeder List, um diese zu umgehen; und fast immer hat sie dabei Erfolg. Wer kann das menschliche Herz ergründen und für jene seltsamen Ausreden und Entschuldigungen eine Erklärung geben, mit denen die Menschen sich beruhigen, wenn sie im Widerspruch zu ihrer religiösen Pflicht ihren Neigungen folgen! Diese Dinge sind allenthalben wohlbekannt; und lediglich Dummköpfe setzen weniger Vertrauen in einen Menschen, sofern sie hören, daß er in theologischen Fragen aufgrund philosophischer Untersuchungen gewisse theoretische Zweifel hegt. Wenn wir andererseits mit jemandem zu tun haben, der von seiner Religiosität und Frömmigkeit viel Aufhebens macht, hat das auf zahlreiche dem Anschein nach kluge Leute etwa eine andere Wirkung als die, daß sie sich in acht nehmen, von ihm nicht betrogen und getäuscht zu werden?

Ferner müssen wir bedenken, daß Philosophen, die Vernunft und Reflexion pflegen, die genannten Motive weniger nötig haben, um von der Moral im Zaum gehalten zu werden; daß aber die Menge, die allein sie vielleicht braucht, zu einer so reinen Form von Religion, in der die Gottheit an nichts als Tugend im menschlichen Verhalten Gefallen findet, keinerlei Zugang hat. Die übliche Annahme ist die, daß man sich Gott durch die Beachtung leerer Bräuche, durch ekstatische Verzückungen oder durch bigotte Frömmelei empfiehlt. Wir brauchen nicht in das Altertum zurückzugehen oder in ferne Länder zu schweifen, um Beispiele dieser Entartung zu finden. Unter uns selbst gibt es Leute, welche die sogar dem ägyptischen und griechischen Aberglauben fremde Abscheulichkeit begehen, ausdrücklich gegen die Moral vom Leder zu ziehen und sie als sicheres Mittel zur Verwirkung der göttlichen Gunst hinzustellen, sofern daran die geringste Erwartung oder Zuversicht geknüpft ist.

Aber selbst wenn Aberglaube oder Schwärmerei sich nicht in unmittelbaren Gegensatz zur Moral setzen: Schon die Ablenkung der Aufmerksamkeit, die Schaffung einer neuen und sinnlosen Art von Verdienst sowie der absurde Verteilungsmodus von Lob und Tadel müssen die schlimmsten Konsequenzen haben und die Bindung des Menschen an die natürlichen Motive der Gerechtigkeit und Menschenliebe aufs äußerste schwächen.

Außerdem wirkt ein derartiges Prinzip des Handelns, das keines der gewöhnlichen Motive menschlichen Verhaltens ist, bloß in Abständen auf das Gemüt. Es muß ständig wachgehalten werden, damit der fromme Eiferer vom eigenen Betragen zufriedengestellt werden und seine Andachtspflichten erfüllen kann. Viele religiöse Übungen werden nach außen mit Inbrunst ausgeführt, während die inneren Gefühle kalt und lau bleiben. Allmählich wird die Heuchelei zur Gewohnheit; Betrug und Lüge werden zum vorherrschenden Prinzip. Dies ist der Grund für jene allgemeine Beobachtung, wonach die höchste religiöse Begeisterung und die tiefste Heuchelei – weit entfernt davon, einen Widerspruch zu bilden – sich häufig oder in der Regel in derselben Persönlichkeit vereint finden.

Die üblen Folgen, die solche Charakterzüge schon im Alltagsleben haben, kann man sich leicht ausmalen. Wo jedoch die Interessen der Religion selbst auf dem Spiele stehen, kann keine Moral Kraft genug entfalten, um den schwärmerischen Eiferer in Schach zu halten. Die Heiligkeit der Sache rechtfertigt jedes Mittel, das sich zu ihrer Förderung einsetzen läßt.

Bereits die ständige Rücksichtnahme auf ein derart wichtiges Interesse wie das des ewigen Seelenheiles ist geeignet, die wohlwollenden Gefühlsregungen zu ersticken und einen engherzigen, beschränkten Egoismus zu erzeugen. Wo eine solche Einstellung gefördert wird, gelingt es ihr ohne Schwierigkeit, sich all den allgemeinen Geboten der Liebe und der Wohltätigkeit zu entziehen.

Nach alledem haben die Motivationen des gewöhnlichen Aberglaubens keinen großen Einfluß auf das allgemeine Verhalten; dort jedoch, wo sie den Ton angeben, ist ihre Wirkung keine für die Moral vorteilhafte.

Gibt es in der Politik einen Grundsatz, der sicherer und unangreifbarer ist als der, daß Anzahl und Autorität der Priester in sehr engen Grenzen zu halten sind und daß die bürgerliche Obrigkeit die Insignien ihrer Macht von so gefährlichen Händen stets fernhalten sollte? Wenn jedoch der Geist der Populärreligion für die Gesellschaft so heilsam wäre, müßte das Gegenteil gelten. Denn je größer die Anzahl der Priester, ihre Autorität und ihr Reichtum sind, um so mehr blüht der religiöse Geist. Und obgleich die Priester diesen Geist selber prägen, könnten wir nicht von Individuen, die eigens für die Religion da sind, sie unablässig anderen einimpfen und sie somit ihrerseits intensiver in sich aufnehmen müssen, einen heiligmäßigeren Lebenswandel sowie mehr Güte und Mäßigkeit erwarten? Woher kommt es, daß in Wirklichkeit das Äußerste, was eine weise Obrigkeit sich gegenüber Populärreligionen vornehmen kann, darin besteht, möglichst wenig aufs Spiel zu setzen und ihre schlimmen Konsequenzen von der Gesellschaft abzuwenden? Jedes Mittel, das sie zu diesem bescheidenen Zweck ergreift, ist allerdings mit einer Reihe von Nachteilen verbunden: Wenn sie bei ihren Untertanen nur eine einzige Religion zuläßt, so muß sie jede Rücksicht auf soziale Freiheit, Wissenschaft, Vernunft, Gewerbe und sogar auf ihre eigene Unabhängigkeit einer ungewissen Aussicht auf Ruhe opfern. Wenn sie – was das weisere Verfahren ist – verschiedene Religionsge-

meinschaften duldet, muß sie ihnen allen gegenüber eine
sehr distanzierte Unparteilichkeit wahren und die
Ansprüche der vorherrschenden Gemeinschaft sorgfältig
in Schranken halten. Andernfalls muß sie mit endlosen
Auseinandersetzungen, Streitigkeiten, Zerwürfnissen,
Verfolgungen und politischen Unruhen rechnen.

Die wahre Religion hat, das räume ich ein, keine solchen
verderblichen Konsequenzen. Doch wir müssen die Religion so nehmen, wie sie gewöhnlich in der Welt vor-
kommt. Es geht hier nicht um jene theoretische Position
des Theismus, die, als eine Position innerhalb der Philosophie, zwar an dem wohltätigen Einfluß dieser Diszi-
plin notwendig teilhat, aber zugleich dem entsprechenden Nachteil ausgesetzt ist, stets auf sehr wenige Personen beschränkt zu sein.

Vor jeder Art von Gericht muß es den Eid geben. Doch
man kann sich fragen, ob sein moralisches Gewicht sich
irgendeiner Populärreligion verdankt. Es ist die Feier-
lichkeit und Bedeutung des Anlasses, die Rücksicht auf
den eigenen guten Ruf sowie der Gedanke an die allgemeinen Interessen der Gesellschaft, was die Menschen
hier hauptsächlich zurückhält. Eide im Zollverkehr und
in der Politik werden selbst von einigen jener Leute, die
sich auf Ehrbarkeit und Religiosität etwas zugute halten,
nur wenig geachtet. Und die Beteuerung eines Quäkers
nehmen wir mit Recht nicht weniger ernst als den Eid
irgendeiner anderen Person. Ich weiß, daß Polybios[14] den
schlechten Ruf griechischer Treue der starken Verbreitung der epikureischen Philosophie zuschreibt. Doch ich
weiß auch, daß im Altertum die Treue der Punier in
ebenso schlechtem Ansehen stand wie in der Neuzeit das
Zeugnis der Iren – obschon wir diese weitverbreiteten
Beobachtungen nicht in der obigen Weise erklären können. Nur am Rande sei erwähnt, daß die griechische

---

14 Buch VI, Kap. 54 [Kap. 56].

Treue schon vor dem Aufstieg der epikureischen Philosophie berüchtigt war und daß Euripides[15] (in einer Passage, die ich euch noch angeben werde) deshalb seinem Volk einen bemerkenswerten satirischen Seitenhieb versetzt.

Vorsicht, Philo, Vorsicht! erwiderte Cleanthes. Geh nicht zu weit. Laß deine Aversion gegen die falsche Religion nicht deine Verehrung für die wahre untergraben. Begib dich nicht dieser Grundlage, die den entscheidenden, den einzigen großen Trost im Leben und unsere wichtigste Stütze bei all den Schlägen eines widrigen Schicksals bedeutet. Die angenehmste Betrachtung, die unser Vorstellungsvermögen in uns wachrufen kann, ist die eines unverfälschten Theismus, der uns Menschen als das Werk eines vollkommen guten, weisen und mächtigen Wesens erscheinen läßt – eines Wesens, das uns für das Glück erschuf und, da es uns ein unermeßliches Verlangen nach dem Guten eingepflanzt hat, unser Dasein in alle Ewigkeit erhalten und uns in eine unendlich vielfältige Szenerie versetzen wird, um dieses Verlangen zu befriedigen und unsere Glückseligkeit vollkommen und dauerhaft zu machen. Das glücklichste Schicksal, das wir uns vorstellen können, besitzt nächst einem solchen Wesen selbst (wenn der Vergleich zulässig ist) derjenige, der unter seinem Schutz und Schirm steht.

Diese Bilder, sagte Philo, sind äußerst ansprechend und verführerisch; und sie sind, vom Standpunkt des wahren Philosophen aus, mehr als nur Bilder. Doch es gilt hier, genau wie in dem vorherigen Fall, daß für den größeren Teil der Menschheit diese Bilder Täuschungen sind und daß in der Regel die Schrecken der Religion ihre Tröstungen überwiegen.

Man weiß, daß die Menschen nie bereitwilliger in religiöser Hingabe ihre Zuflucht suchen, als wenn sie von

15 *Iphigenie bei den Taurern* [V. 1205].

Kummer betrübt oder von Krankheit niedergedrückt sind. Beweist das nicht, daß der religiöse Geist dem Schmerz viel enger verwandt ist als der Freude?

Aber die Betrübten finden, antwortete Cleanthes, in der Religion Trost. Bisweilen, sagte Philo; doch die Vermutung liegt nahe, daß sie sich in ihren Betrachtungen von jenem unbekannten Wesen eine Vorstellung machen, die ihrer momentanen trüben und düsteren Gemütsstimmung entspricht. Demgemäß finden wir in allen Religionen die Bilder des Schreckens vorherrschend. Ja selbst fallen, nachdem wir die Gottheit in den erhabensten Ausdrücken beschrieben haben, dem glattesten Widerspruch zum Opfer, indem wir behaupten, daß die Zahl der Verdammten die Zahl der Erwählten unendlich übersteigt.

Ich wage zu behaupten, es hat nie eine Populärreligion gegeben, die den Zustand der verstorbenen Seelen so darstellte, daß es für die Menschheit wünschenswert erschienen wäre, daß es einen solchen Zustand wirklich gibt. Diese schönen Typen von Religion sind allein das Resultat philosophischen Denkens. Denn zwischen dem Auge und dem Bild von der Zukunft liegt der Tod; und er ist für die Natur so furchtbar, daß er auf alles, was nach ihm kommt, zwangsläufig einen düsteren Schatten wirft und den meisten Menschen Vorstellungen von Zerberus und Furien sowie von Teufeln und Strömen von Feuer und Schwefel eingibt.

Es stimmt zwar, daß Furcht *und* Hoffnung in die Religion Eingang finden. Denn diese zwei Emotionen bewegen zu verschiedenen Zeiten den menschlichen Geist, und die eine wie die andere formt sich ein Bild von der Gottheit, wie es ihr jeweils entspricht. Doch wenn jemand in einer heiteren Verfassung ist, dann ist ihm in irgendeiner Form nach Arbeit oder Geselligkeit oder Unterhaltung zumute; ganz von selbst widmet er sich diesen Dingen und denkt an keine Religion. Ist er dagegen traurig und niedergeschlagen, so hat er nichts zu tun, als über den Schrecken der unsichtbaren Welt zu brüten und sich noch tiefer in seinen Kummer zu vergraben. Es kann in der Tat vorkommen, daß, nachdem er in dieser Weise die religiösen Lehren tief in sein Denken und seine Vorstellung eingeprägt hat, ein Wechsel in seinem Befinden oder in seinen Lebensumständen eintritt, der vielleicht seine gute Laune wiederherstellt, freudige Zukunftserwartungen in ihm weckt und ihn so in das andere Extrem, ein Gefühl von Glück und Verzückung, fallen läßt. Aber trotz allem muß man zugeben, daß der Schrecken als das Grundprinzip der Religion stets in ihr vorherrscht und nur für kurze Zwischenzeiten eine frohe Stimmung aufkommen läßt.

Dabei bleibt noch unberücksichtigt, daß diese Ausbrüche übertriebener, enthusiastischer Freude das Gemüt erschöpfen und dadurch immer wieder entsprechenden Anfällen von abergläubischer Furcht und Niedergeschlagenheit Platz machen. Kein Zustand des Geistes ist so glücklich wie der Zustand der Ruhe und des Gleichmuts. Aber dieser Zustand läßt sich unmöglich aufrechterhalten, wenn man glaubt, daß man in einer derart tiefen Dunkelheit und Ungewißheit mitten zwischen ewiger Glückseligkeit und ewigem Verderben schwebt. Kein Wunder, daß eine solche Ansicht die gewöhnliche Verfassung des Geistes aus den Fugen geraten läßt und ihn in die äußerste Verwirrung stürzt. Und obschon diese Ansicht in ihrer Wirkung selten so konstant ist, daß sie sämtliche Handlungen eines Menschen beeinflussen würde, so ist sie doch geeignet, sein Gefühlsleben erheblich zu spalten und jene düstere und trübe Stimmung hervorzurufen, die bei allen frommen Menschen so auffallend ist.

Es widerspricht dem gesunden Menschenverstand, wegen *irgendeiner* Ansicht Furcht oder Schrecken zu empfinden oder zu denken, man ginge durch einen ganz ungehemmten Gebrauch seiner Vernunft ein Risiko für das Jenseits ein. Eine solche Auffassung ist ebenso absurd wie in sich widersprüchlich. Absurd ist es nämlich, zu glauben, daß die Gottheit menschliche Emotionen besitzt – ja eine der niedrigsten menschlichen Emotionen, ein rastloses Verlangen nach Beifall. Und in sich widersprüchlich ist es, zu glauben, daß die Gottheit zwar *diese* menschliche Emotion besitzt, nicht jedoch andere menschliche Emotionen – insbesondere nicht die Emotion der Gleichgültigkeit gegenüber den Meinungen von so tief unter ihr stehenden Geschöpfen.

»Gott zu erkennen«, sagt Seneca, »heißt ihn zu verehren.«[16] Tatsächlich ist jede andere Form der Verehrung unsinnig, abergläubisch, ja sogar pietätlos. Sie setzt Gott auf die niedrige Stufe des Menschen herab, der ein Gefallen daran findet, sich bitten, anflehen, beschenken und schmeicheln zu lassen. Doch ist diese Pietätlosigkeit noch die geringste, deren der Aberglaube sich schuldig macht. Gewöhnlich drückt er die Gottheit noch weit unter das Niveau des Menschen und stellt sie als einen launischen Dämon hin, der seine Macht ausübt ohne Vernunft und Menschlichkeit. Wäre dieses göttliche Wesen geneigt, an den Lastern und Torheiten einfältiger Sterblicher, die es selbst geschaffen hat, irgendeinen Anstoß zu nehmen, so würde es den Anhängern der meisten populären Formen des Aberglaubens gewiß schlecht ergehen. Kein einziger Mensch würde seine *Gunst* verdienen – außer einigen ganz wenigen, nämlich den philosophischen Theisten, die von seinen göttlichen Vollkommenheiten angemessene Vorstellungen hegen oder jedenfalls zu hegen bestrebt sind. Entsprechend wären die einzigen Personen, die auf sein *Mitleid* und seine *Nachsicht* Anspruch erheben könnten, die philosophischen Skeptiker (eine fast ebenso seltene Sippe), die

16 [*Epistulae morales ad Lucilium* 95,47.]

sich aus natürlichem Mißtrauen in ihre eigenen Fähigkeiten ihr Urteil über derartig erhabene und derartig außergewöhnliche Dinge offenhalten bzw. offenzuhalten bestrebt sind.

Sofern sich die gesamte natürliche Theologie, wie einige Leute offenbar behaupten, reduzieren läßt auf den einen einfachen, wenngleich einigermaßen unklaren oder doch recht pauschalen Satz *Die Ursache oder Ursachen der Ordnung im Universum besitzen wahrscheinlich irgendeine entfernte Ähnlichkeit mit menschlicher Intelligenz*; sofern dieser Satz keiner Erweiterung, Abwandlung oder näheren Erläuterung zugänglich ist; sofern er keinen Schluß zuläßt, der das menschliche Leben berührt oder Anlaß zu irgendeiner Handlung oder Unterlassung werden kann; und sofern die Ähnlichkeit, unvollkommen wie sie ist, nicht über die menschliche *Intelligenz* hinaus ausgedehnt werden und nicht mit der geringsten Wahrscheinlichkeit auf die übrigen Eigenschaften des Geistes übertragen werden kann: Sofern all dies wirklich zutrifft, was kann dann selbst der wißbegierigste, nachdenklichste und religiöseste Mensch mehr tun, als dem obigen Satz, sooft er ihm begegnet, seine eindeutige philosophische Zustimmung zu geben und anzunehmen, daß die Argumente, die ihn stützen, die Einwände, die ihm entgegenstehen, überwiegen? Einiges Staunen wird freilich ganz natürlich das gewaltige Ausmaß des Gegenstandes hervorrufen, wie einige Betrübnis seine Dunkelheit. Und die menschliche Vernunft wird einiger Verachtung ausgesetzt sein, weil sie für ein so außerordentliches und erhabenes Problem keine befriedigendere Lösung finden kann. Doch glaube mir, Cleanthes, das natürlichste Gefühl, das ein wohlgeordneter Geist bei dieser Gelegenheit haben wird, ist ein sehnsüchtiges Verlangen und Hoffen, daß es dem Himmel gefallen möge, diese tiefe Unwissenheit dadurch zu zerstreuen oder jedenfalls zu mildern, daß er der Menschheit irgendeine nähere

Offenbarung schickt und ihr Natur, Eigenschaften und Handlungsweisen des göttlichen Gegenstandes unseres Glaubens enthüllt. Jemand, der von dem rechten Sinn für die Unvollkommenheiten der menschlichen Vernunft durchdrungen ist, wird äußerst begierig nach der offenbarten Wahrheit greifen, während der hochmütige Dogmatiker in der Überzeugung, daß er ein vollständiges theologisches System allein mit Hilfe der Philosophie errichten kann, jeden weiteren Beistand verachtet und diese neue Belehrung zurückweist. Philosophischer Skeptiker zu sein, ist für den Gebildeten der erste und wichtigste Schritt auf dem Weg zu einem echten, gläubigen Christen – ein Satz, den ich der Aufmerksamkeit des Pamphilus gern empfehlen würde. Ich hoffe, Cleanthes wird mir vergeben, wenn ich mich insoweit in die Erziehung und Ausbildung seines Zöglings einmische.

Cleanthes und Philo führten dieses Gespräch nicht mehr lange fort. Nichts machte jemals einen größeren Eindruck auf mich als die Diskussionen dieses Tages, und ich muß ehrlich sagen, daß ich zurückblickend an dem Gedanken nicht vorbeikann, daß Philos Thesen wahrscheinlicher sind als diejenigen Demeas, daß jedoch die Thesen des Cleanthes der Wahrheit noch näher kommen.

Literaturhinweise

Ausgaben der »Dialoge«

Dialogues concerning Natural Religion. Ed. with an introd. by N. Kemp Smith. Edinburgh ²1947.

Dialogues concerning Natural Religon. Ed. with introd. by H. D. Aiken. New York 1948.

Dialogues concerning Natural Religion. In: Hume on Religion. Ed. with an introd. by R. Wollheim. London 1963.

Dialogues concerning Natural Religion. Ed. and with comm. by N. Pike. Indianapolis 1970.

Dialogues concerning Natural Religion. Ed. by J. V. Price. Oxford 1976.

Dialoge über natürliche Religion. Neu bearb. und hrsg. von G. Gawlick. Hamburg ⁵1980. (Philosophische Bibliothek. Bd. 36.) [Mit ausführlicher Einl. und Bibliogr.]

Sonstige Schriften Humes

The Philosophical Works. Ed. by T. H. Green and T. H. Grose. 4 Vols. London 1874/75. Neudr. Aalen 1964.

Ein Traktat über die menschliche Natur. Mit einer Einf. neu hrsg. von R. Brandt. Hamburg 1973. (Philosophische Bibliothek. Bd. 283.)

Abriß eines neuen Buches, betitelt: Ein Traktat über die menschliche Natur etc. – Brief eines Edelmannes an seinen Freund in Edinburgh. Hrsg. und eingel. von J. Kulenkampff. Hamburg 1980. (Philosophische Bibliothek. Bd. 320.)

Eine Untersuchung über den menschlichen Verstand. Übers. und hrsg. von H. Herring. Stuttgart 1967 [u. ö.]. (Reclams Universal-Bibliothek. Nr. 5489.)

Eine Untersuchung über die Prinzipien der Moral. Übers., mit Einl. und Reg. vers. von C. Winckler. Hamburg 1972. (Philosophische Bibliothek. Bd. 199.)

Die Naturgeschichte der Religion. Übers. und mit einem Abriß
über die Geschichte des Deismus in England eingel. von A. J.
Sußnitzki. Frankfurt a. M. 1911.
Über Selbstmord. / Über die Unsterblichkeit der Seele. In: Dialoge über natürliche Religion. Übers. und mit einer Einl.
vers. von F. Paulsen. Leipzig ³1905.

Sekundärliteratur

A. J. Ayer: Hume. Oxford 1980.

A. P. Cavendish: David Hume. New York 1968.

V. C. Chappell (ed.): Hume. A Collection of Critical Essays.
New York 1966.

E. Craig: David Hume. Eine Einführung in seine Philosophie.
Frankfurt a. M. 1979.

A. Flew: Hume's Philosophy of Belief. A Study of his First
Inquiry. London 1961.

J. C. A. Gaskin: Hume's Philosophy of Religion. London 1978.

R. Hall: Fifty Years of Hume Scholarship. Edinburgh 1978.

N. Hoerster: David Hume: Existenz und Eigenschaften Gottes.
In: J. Speck (Hrsg.): Grundprobleme der großen Philoso-
phen. Philosophie der Neuzeit I. Göttingen 1979. S. 240–275.
(Uni-Taschenbuch. Nr. 903.)

Hume Studies. 1975 ff.

R. H. Hurlbutt: Hume, Newton, and the Design Argument.
Lincoln 1965.

A. Jeffner: Butler and Hume on Religion. A Comparative
Analysis. Stockholm 1966.

N. Kemp Smith: The Philosophy of David Hume. A Critical
Study of its Origins and Central Doctrines. London 1941.

D.-J. Löwisch: Kants Kritik der reinen Vernunft und Humes
Dialogues concerning Natural Religion. In: Kantstudien 56
(1965/66) S. 170–207.

E. C. Mossner: The Life of David Hume. Oxford ²1980.

J. Noxon: Hume's Philosophical Development. A Study of his
Methods. Oxford 1973.

D. F. Pears (ed.): David Hume. A Symposium. London 1963.
T. Penelhum: Hume. London 1975.
B. Stroud: Hume. London 1977.
E. Topitsch / G. Streminger: Hume. Darmstadt 1981.

Nachwort

1. Humes Leben und Werk

David Hume, der größte und originellste Philosoph Großbritanniens, wurde am 7. Mai 1711 in Edinburgh als Sohn eines schottischen Landadeligen geboren. Da sein Erbteil unzureichend war, um ihn finanziell unabhängig zu machen, und seine Bewerbungen um eine Professur wegen seiner religionsphilosophischen Auffassungen erfolglos blieben, sah er sich im Lauf seines Lebens immer wieder genötigt, sachfremde berufliche Tätigkeiten zu übernehmen: als Tutor eines geistesgestörten Adeligen; als Sekretär eines Generals; als Bibliothekar an einer Juristenbibliothek; als Staatsdiener im In- und Ausland. In seinen Fünfzigern verbrachte Hume etwa drei Jahre in Paris. Zu den führenden französischen Aufklärungsdenkern, die seine Gesellschaft suchten, knüpfte er enge Kontakte. Der dogmatische Atheismus, wie ihn einige von ihnen propagierten, stieß bei dem skeptischen Schotten jedoch auf Unverständnis. Nach einer langwierigen, in Gleichmut ertragenen Krankheit verstarb Hume am 25. August 1776 in Edinburgh.

Hume war ein außerordentlich vielseitiger Denker und Autor. Er schrieb nicht nur im engeren Sinn philosophische Abhandlungen, die fast allen Bereichen der Philosophie neue Ansätze und Ideen zuführten. Er gehörte auch zu den bedeutendsten Historikern sowie Nationalökonomen seiner Zeit und verfaßte populärwissenschaftliche Essays zu den verschiedensten Themen. Eine Reihe seiner Publikationen sind bis heute nicht ins Deutsche übersetzt worden. Humes wichtigste Schriften philosophischer Natur sind: *A Treatise of Human Nature* (1739/40); *An Enquiry concerning Human Understanding* (1748); *An Enquiry concerning the Principles of*

Morals (1751); *Dialogues concerning Natural Religion* (1779).

Man kann darüber streiten, auf welchem Teilgebiet Humes wichtigster Beitrag zur Philosophie liegt. Seine Erkenntnistheorie mit ihrer revolutionären Analyse des Kausalitätsbegriffs hat bis heute für das wissenschafts-theoretische Denken den Charakter einer permanenten Herausforderung behalten.[1] Und seine Moralphilosophie ist erst jüngst in ihrer geradezu aufregenden Aktualität für das Unternehmen einer metaphysikfreien Normen-begründung wiederentdeckt worden.[2] Trotzdem ist seine Religionsphilosophie sicher nicht weniger bedeutsam. So bezeichnen führende britische Hume-Kenner sein religionsphilosophisches Hauptwerk, die hier übersetzten *Dialogues concerning Natural Religion*, als »in jeder Hinsicht Humes reifstes Werk« sowie als »sein philosophisches Meisterwerk«.[3] Und die in Deutschland weit-verbreitete Geringschätzung, ja Unkenntnis der Hume-schen Religionsphilosophie wurde schon vor mehr als einem Jahrhundert von Arthur Schopenhauer beklagt. Er schrieb, um Hume kennenzulernen, müsse man die *Dia-loge* lesen (»da sieht man ihn in seiner Größe«), und zog zwischen Humes Religionsphilosophie und der seiner eigenen deutschen Zeitgenossen den für diese wenig schmeichelhaften Vergleich: »Aus jeder Seite von David Hume ist mehr zu lernen, als aus Hegels, Herbarts und Schleiermachers sämtlichen philosophischen Werken zu-sammengenommen.«[4]

Die *Dialoge* blieben zu Humes Lebzeiten unveröffent-licht. Daraus darf man jedoch nicht schließen, daß Hume

1 Siehe etwa Wolfgang Stegmüller, *Das Problem der Induktion. Humes Herausforderung und moderne Antworten*, Darmstadt 1975.
2 J. L. Mackie, *Hume's Moral Theory*, London 1980.
3 Terence Penelhum, *Hume*, London 1975, S. 171; bzw. Antony Flew, *Hume's Philosophy of Belief*, London 1961, S. 116.
4 Arthur Schopenhauer, *Sämtliche Werke*, hrsg. von Arthur Hübscher, Bd. 3, Wiesbaden ³1972, S. 386 bzw. 668.

selbst dieses Werk für wenig bedeutsam gehalten hätte. Der Grund ist vielmehr allein darin zu suchen, daß Hume befürchtete, jene kirchlichen Kreise, deren Angriffen er ohnehin beständig ausgesetzt war, durch die Publikation seines religionsphilosophischen Hauptwerkes noch mehr zu reizen. Wie wichtig Hume tatsächlich die *Dialoge* und ihre mögliche Wirkung auf die philosophische Nachwelt nahm, geht deutlich aus folgenden Umständen hervor: Hume hat das Werk, das er im wesentlichen etwa zwanzig Jahre vor seinem Tod fertiggestellt hatte, in der Folgezeit mehrfach überarbeitet. Und er hat in den letzten Monaten seines Lebens, im sicheren Bewußtsein des nahen Todes, mehrere – zum Teil erfolglose – Versuche unternommen, die posthume Veröffentlichung der *Dialoge* sicherzustellen.

2. *Humes religionsphilosophische Position*

Es ist ausgesprochen schwierig, Humes religionsphilosophische Position allein aus einer Lektüre der *Dialoge* heraus eindeutig zu rekonstruieren. Das gilt nicht so sehr deshalb, weil man zur Interpretation dieses Werkes auf Humes übrige Veröffentlichungen – etwa seine großen erkenntnistheoretischen Schriften oder seine die *Dialoge* begleitenden religionsphilosophischen Nebenschriften – zurückgreifen müßte: Humes erkenntnistheoretische Grundkonzeption findet sich, soweit relevant, in den *Dialogen* selbst dargelegt; und die ihm wesentlichen religionsphilosophischen Fragen werden nirgendwo ausführlicher behandelt als in seinem religionsphilosophischen Hauptwerk. Die Interpretationsprobleme ergeben sich vielmehr aus der spezifischen, von Hume gewählten *Art und Weise der Darstellung*. Hume bedient sich nämlich der Dialogform – und zwar in einer Weise, die sämtlichen Partnern die faire Chance einer optimalen

Selbstdarstellung einräumt und keinen von ihnen zum bloßen Jasager oder zum Vertreter einer von vornherein absurden Position mißbraucht. Die Folge davon ist, daß es auf den ersten Blick kaum erkennbar wird, mit welcher der verschiedenen Personen des Dialogs sich der Autor selbst identifiziert; seine Sympathien könnten sogar geteilt sein.

Offenbar ging es Hume nicht in erster Linie darum, eine bestimmte religionsphilosophische Position in definitiver Form zu fixieren und als einzig haltbar zu verteidigen. Er wollte vielmehr vor allem bei seinem Leser ein umfassendes Problembewußtsein wecken und ihm durch eine ausgewogene Präsentation aller wesentlichen Pro- und Contra-Argumente die Bildung einer eigenen, auf Argumente gestützten Meinung erleichtern. Außerdem verfolgte Hume in seiner Auseinandersetzung mit der Religion generell die Linie, »seine skeptischen Positionen mit dem geringstmöglichen Nachdruck zu vertreten, der eine eindeutige Interpretation noch zuläßt«.[5] Die Gründe für diese Haltung Humes sind sowohl in seinen zahlreichen negativen Erfahrungen mit orthodox kirchlichen Kreisen als auch in seinem Charakter zu suchen, der ihn ganz allgemein ein harmonisches soziales Zusammenleben höher bewerten ließ als Rechthaberei in theoretischen Kontroversen. In der Tat brachte Hume seine eigenen religionskritischen Auffassungen in den *Dialogen* nur »mit sehr anständiger Bemäntelung« zum Ausdruck.[6] Und daß er ganz bewußt so verfuhr, geht deutlich aus einem Brief hervor, den er zehn Tage vor seinem Tod im Zusammenhang mit seinen Bemühungen um eine posthume Veröffentlichung des Werkes schrieb. »Nichts«, so urteilt Hume hier über seine *Dialoge*, »kann behutsamer

5 Norman Kemp Smith, »Introduction«, in: David Hume, *Dialogues concerning Natural Religion*, Edinburgh ²1947, S. 73.
6 So Arthur Schopenhauer, *Gesammelte Briefe*, hrsg. von Arthur Hübscher, Bonn 1978, S. 96.

und geschickter verfaßt sein.«[7] In dieser Richtung ist es auch zu verstehen, daß Hume den Dialog seiner drei Denker in eine Rahmenerzählung einbettet. So wird die Distanz zwischen den von ihnen vertretenen Thesen und dem Autor des Werkes noch vergrößert. In diesem Zusammenhang wäre es ein Mißverständnis der Humeschen Intentionen, die eindeutige Gewichtung der drei rivalisierenden Positionen, die der *Erzähler* im Schlußsatz der *Dialoge* vornimmt, im Sinne des *Autors* für bare Münze zu nehmen. Es dürfte sich kaum um einen Zufall handeln, daß Hume diesen Erzähler als einen jungen, philosophisch ungebildeten Mann vorstellt.

Trotz alledem kann für jemanden, der die religiöse Einstellung des *Menschen* Hume – wie sie sich vor allem in den Berichten seiner Zeitgenossen sowie in seinen Briefen manifestiert – kennt, kein Zweifel darüber bestehen, welche der drei religionsphilosophischen Grundpositionen der *Dialoge* am ehesten die Sympathien des Autors genießt: Es ist der Religionsskeptiker unter den dreien, Philo, dem Hume im großen und ganzen seine eigene Auffassung in den Mund legt. Im folgenden sollen die wesentlichen Elemente dieser Auffassung knapp dargestellt werden. Dabei wird zwischen solchen Elementen, die nur eine einzige Deutung zulassen, und solchen, über deren präzise Interpretation selbst die Hume-Experten streiten, zu unterscheiden sein. Der Leser sollte die Mühe nicht scheuen, die einzelnen Punkte meiner Darstellung anhand der Gedankenführung der *Dialoge* im einzelnen kritisch zu überprüfen.

Eindeutig ist Hume der Meinung, daß die Existenz eines christlich verstandenen Gottes nicht Gegenstand der »natürlichen Religion« sein kann, d. h. daß zur Existenz eines solchen Gottes kein »natürlicher«, auf bloßen Vernunfterwägungen basierender Weg führt. Wenn ich hier

7 *The Letters of David Hume*, Bd. 2, ed. by J. Y. T. Greig, Oxford 1932, S. 334.

von einem »christlich verstandenen Gott« spreche, so meine ich damit ein der Welt transzendentes, allmächtiges geistiges Wesen, das zum einen die Welt erschaffen hat und erhält und zum anderen dem Menschen als der Krone der Schöpfung in Gerechtigkeit und Güte zugewandt ist. Hume ist der entschiedenen Überzeugung, daß sich über irgendwelche personalen, insbesondere moralischen Eigenschaften Gottes mit rationalen Mitteln nichts ausmachen läßt. Es besteht für ihn daher auch keinerlei Grund zu der Annahme, daß Gott die Welt auf den Menschen hin geplant und erschaffen hat oder daß Gott am Schicksal des Menschen in irgendeiner Weise Anteil nimmt. Die Annahme der Existenz Gottes muß ohne jede praktische Relevanz bleiben: Der Mensch kann weder seine Moral auf göttliche Gebote stützen, noch kann er davon ausgehen, daß Gott seine Lebensführung in einem jenseitigen Leben belohnen oder bestrafen wird. Das bedeutet natürlich auch, daß jede Bemühung des Menschen, Gott – etwa durch Gebete – zu seinen Gunsten zu beeinflussen, grundlos ist.

In diesem Zusammenhang verdient besonders betont zu werden, daß Hume das sogenannte »Theodizeeproblem« – das Problem der Rechtfertigung Gottes angesichts der Übel der Welt – nicht für lösbar hält. Den bis auf den heutigen Tag unter Christen verbreitetsten Lösungsversuch, wonach wir Gottes Güte und Gerechtigkeit nicht an unseren beschränkten, menschlichen Begriffen messen bzw. mit unserem beschränkten, menschlichen Verstand beurteilen dürfen, weist er mit einem schlagenden Argument zurück: Wir Menschen kennen keine anderen als die menschlichen Begriffe von »Güte« und »Gerechtigkeit«. Und wenn unser menschliches Erkenntnisvermögen nicht ausreicht, Gott als in diesem Sinne »gut« und »gerecht« zu erkennen, dann haben wir eben keinen Grund zu der entsprechenden Behauptung: wir sollten also auf *jedes* Urteil über die moralischen Eigenschaften

Gottes verzichten. Es ist merkwürdig, wenn der christliche Theologe ohne weiteres so vorgeht, als lägen zwar die Argumente *für* Gottes Güte und Gerechtigkeit *innerhalb*, die Argumente *gegen* Gottes Güte und Gerechtigkeit jedoch *außerhalb* des menschlichen Begreifens und Beurteilungsvermögens. »Wer sind denn wir, daß wir uns über die moralischen Qualitäten Gottes ein Urteil anmaßen dürften« – in diesem Grundtenor der Demut stimmt der Skeptiker Hume mit vielen Theologen überein. Nur: er macht mit dieser Maxime Ernst und bemüht sie nicht nur zur Abwehr mißliebiger Einwände.

Ist Hume der Meinung, daß sich der Glaube an Gott wenigstens in einem bescheideneren, etwa nicht-personalen Sinn des Begriffes rational rechtfertigen läßt? Diese Frage ist schwer definitiv zu entscheiden. Das einzige Argument für die Existenz eines (wie immer im einzelnen verstandenen) Gottes, das Hume für ernsthaft diskutabel hält, ist das teleologische. Das Für und Wider dieses Argumentes ist das zentrale Thema der *Dialoge*. Während Hume nun den Skeptiker Philo bis kurz vor Schluß des Werkes seinen ganzen Scharfsinn aufbieten läßt, um die schwerwiegendsten Einwände gegen das teleologische Argument geltend zu machen, läßt er denselben Philo im zwölften und letzten Teil so reden, als ob er ebendiesem Argument durchaus positive Seiten abgewänne. Will Hume (durch den Mund Philos) hier seine frühere Kritik zurücknehmen oder aus taktischen Gründen zumindest diesen Anschein erwecken? Beides erscheint bei Würdigung aller Umstände als unwahrscheinlich.

Wer Humes persönliche Einstellung zur Religion kennt und die entscheidenden Passagen des zwölften Teiles der *Dialoge* im Lichte dieser Kenntnis sorgfältig liest, wird die Lösung des Problems vielmehr in der folgenden Richtung suchen: Hume ist der festen Überzeugung, daß die Religion, so wie sie sich in der historischen Realität tatsächlich darstellt, mehr Unheil als Heil über die Menschen bringt. Und zwar liegt das seines Erachtens gerade daran, daß der religiöse Mensch üblicherweise geneigt ist, sich in seinem moralischen und politischen Handeln in irgendeiner Weise von seinen religiösen Vorstellungen bestimmen zu lassen. Einem solchen Einfluß der Religion auf die menschliche Praxis ist aber die rationale Basis entzogen, wenn zu einem Glauben an einen personal verstandenen Gott in dem oben beschriebenen Sinne, wie Hume argumentiert, kein Weg führt. Mit anderen Worten: Der an einen lediglich unpersönlichen Gott Glaubende und der ganz und gar Ungläubige (etwa der Atheist) führen einen rein theoretischen Streit, logisch frei von allen praktischen Konsequenzen.

Doch theoretische Meinungsverschiedenheiten *als solche* können, wie Wissenschaftler aus eigener Erfahrung wissen, zu Abneigung und Haß, ja zu sozialem Unfrieden und Verfolgung führen. Und es ist ein durchgängiger Wesenszug des Menschen Hume, gegenüber derartigen Gefahren – die natürlich bei einem in der traditionellen Sichtweise emotional so stark besetzten Thema wie dem der Religion besonders groß sind – sensibel zu sein und ihnen bewußt entgegenzuwirken. So hat Hume gute moralische Gründe, selbst den theoretischen Streit zwischen einem (sinnvoll verstandenen) Theismus bzw. Deismus und einem Atheismus so weit wie eben möglich herunterzuspielen. Er tut das, indem er dem Theisten zugesteht, daß jenes Prinzip, das für die Ordnung und Regelhaftigkeit im Universum verantwortlich ist, wahrscheinlich unter anderem auch zum menschlichen Geist eine gewisse Ähnlichkeit aufweist – und ihm als Gegenleistung dafür abverlangt, keine weiteren Behauptungen im Namen seines Theismus aufzustellen.

Die sachliche Position des Skeptikers Hume gegenüber dem Gottesproblem hat sich im zwölften Teil der *Dialoge* gegenüber den früheren Teilen des Werkes nicht wesentlich geändert. Zwar wird die *Möglichkeit* der teleologischen Hypothese von Hume jetzt stärker betont – während er zuvor das Gewicht auf die *Zurückweisung ihrer dogmatischen Behauptung* gelegt hatte. Ja, auf den ersten Seiten des zwölften Teils räumt Hume sogar ein, daß ein vernünftiger Mensch, der die Natur zu erforschen sucht, praktisch nicht umhin kann, sich teleologischer Begriffe zu bedienen und insofern einen höchsten Geist als Bezugspunkt solcher Begriffe vorauszusetzen. Doch es bleibt dabei, daß die teleologische Hypothese nicht annähernd das leisten kann, was gewöhnlich (so auch von Cleanthes in den *Dialogen*) von ihr erwartet wird. Sie kann nicht nur keinerlei personale Eigenschaften Gottes belegen. Sie läßt nicht einmal einen Schluß auf seine Einheit oder auf seine Transzendenz zu. Sie beschränkt sich vielmehr, wie Hume ausdrücklich formuliert, auf die Annahme, daß »die Ursache oder Ursachen der Ordnung im Universum wahrscheinlich irgendeine entfernte Ähnlichkeit mit menschlicher Intelligenz besitzen«.

Die Versöhnung der gegensätzlichen religionsphilosophischen Positionen, die Hume im zwölften Teil so intensiv betreibt, liegt tatsächlich weniger auf sachlicher als auf terminologischer Ebene. Hume operiert hier nämlich mit einem Gottesbegriff, der gegenüber dem Gottesbegriff der christlichen Tradition auf das äußerste Minimum reduziert ist: Er verwendet »Gott« bedeutungsgleich mit »jenes Prinzip, das für die Ordnung im Universum verantwortlich ist« oder auch mit »jenes Prinzip, das für die Ordnung im Universum verantwortlich und auf eine unbestimmte Weise geistiger Natur ist«. In der Tat, in diesem (und nur in diesem) Sinne ist Hume selbst ein »Theist«. Doch jetzt muß die alles entscheidende Frage lauten (und Hume stellt sie mehrfach in dieser Form): Was können wir näherhin über das *Wesen* dieses Gottes sagen, über dessen *Existenz* wir uns nun einig sind? – Humes eindeutige Antwort »gar nichts« wird nur wenige Theisten – jedenfalls aber keinen gläubigen Christen – befriedigen.

Daß Hume sich im Leben wie in seinen Schriften dagegen verwahrte, als »Atheist« bezeichnet zu werden, wird aus dem oben Gesagten verständlich. Aber selbst wenn man einen gegenüber Humes Minimaldefinition um einiges angereicherten Gottesbegriff zugrundelegt, war Hume kein Anhänger eines Atheismus, sofern man darunter die *dogmatische Leugnung* Gottes – gewöhnlich noch verbunden mit einer rivalisierenden, etwa materialistischen Metaphysik – versteht. Wenn man Humes Einstellung in diesem Punkte schon etikettieren will, kann man sie am ehesten als die eines »Agnostikers« bezeichnen. Allerdings hielt Hume darüber hinaus die Existenz eines spezifisch christlich verstandenen Gottes, wie insbesondere seine Ausführungen zum Theodizeeproblem deutlich machen, für *unwahrscheinlich*. Auch für den christlichen (oder irgendeinen anderen) *Offenbarungsglauben* konnte er sich nicht erwärmen. Es gibt überwältigende Belege für die Annahme, daß die so offenbarungsgläubig klingenden Worte Philos gegen Ende des zwölften Teiles jedenfalls partiell ironisch gemeint sind: Wenn es keinen rationalen Weg zum christlichen Glauben gibt, so scheint für den Skeptiker nur der a-rationale Weg übrigzubleiben. Hume sieht für sich selbst jedoch weder irgendeinen Grund noch eine hinreichende Motivation, einen solchen Weg zu beschreiten.

Hume ist sich durchaus darüber im klaren, daß es zwischen dem skeptischen Freidenker (Philo) und dem orthodox gläubigen Christen (Demea) keine gemeinsame weltanschauliche Basis gibt. Zu unterschiedlich sind gerade auch die praktischen Konsequenzen der beiden Positionen: Einer ausschließlich am Wohlergehen des diesseitigen Menschen orientierten Moral und Politik stehen von einer institutionalisierten Kirche erlassene und durch die Vorstellung jenseitiger Belohnungen und Strafen sanktionierte Gebote gegenüber, die von Fanatismus, Schwärmerei, Aberglauben und Tabus geprägt sind. Hume sieht jedoch auch, daß unter dem Druck der Realität *innerhalb des Christentums selbst* eine Richtung an Einfluß gewinnt, deren Vertreter (Cleanthes) in Wissenschaftsfreundlichkeit und Liberalität hinter dem Freidenker nicht zurückstehen möchte. Und es besteht kein Grund, warum der Freidenker mit dieser Art des Reformchristen, dessen Moral sich mit einer aufgeklärt diesseitigen Moral weitgehend deckt, nicht in der Praxis zusammenarbeiten sollte. Das gilt um so mehr, als die Haltung eines Cleanthes das Äußerste ist, was man in Sachen Religion vom Durchschnittsmenschen realistischerweise erhoffen kann – während die Philos immer nur eine kleine Minderheit bleiben werden. Dies dürfte im übrigen auch der Grund sein, warum Hume im Schlußsatz der *Dialoge* seinen Erzähler Pamphilus die Position des Cleanthes zur plausibelsten erheben läßt: Wenn es gelingt, normale »Intellektuelle« wie Pamphilus oder Hermippus für diese Position zu gewinnen, sollte man das als Erfolg verbuchen. (Der ungeheure Stolz, der manche christliche Theologen mehr als zweihundert Jahre, nachdem Hume seine *Dialoge* verfaßte, darüber erfüllt, daß sie im Namen der Vernunft bereits offen den »Abschied« vom Teufel oder von der Unfehlbarkeit des Papstes fordern zu dürfen meinen, kann als ein geistiges Symptom gelten, das die Humesche Diagnose durchaus bestätigt.)

Hume läßt im übrigen im Schlußteil der *Dialoge* keinen Zweifel daran, daß das weitgehend säkularisierte, in seinen sozialen Auswirkungen harmlose Christentum eines Cleanthes einen deutlichen Bruch mit der Tradition des kirchlich institutionalisierten Offenbarungschristentums darstellt. Daß Cleanthes selber sich offenbar als den »wahren« Christen versteht, der den wesentlichen

Gehalt des Glaubens lediglich in das Idiom der modernen Zeit übersetzt, beruht auf Selbsttäuschung. Doch auch diese Meinungsverschiedenheit zwischen Freidenker und Reformchristen über die Voraussetzungen von dessen Position stellt nach Humes Meinung kein Hindernis für ein moralisch-praktisches Zusammengehen dar. Humes von Ironie durchsetzte Skepsis bleibt eingebunden in die umfassende Zielsetzung eines humanen Moralismus: »Sei ein Philosoph, doch bleibe, bei all deiner Philosophie, stets Mensch.«[8]

Norbert Hoerster

8 David Hume, Eine Untersuchung über den menschlichen Verstand. Stuttgart 1967 (Reclams Universal-Bibliothek, Nr. 5489), S. 21.

Inhalt

Englische Philosophie des 20. Jahrhunderts

IN RECLAMS UNIVERSAL-BIBLIOTHEK

Philipp Reclam jun. Stuttgart